뉴스, 똑똑하게 보고 읽는 법

언론 좀 아는 10대

사회
쫌 아는
십 대
18

뉴스, 똑똑하게 보고 읽는 법

언론
좀 아는
10대

정민지 글
이혜원 그림

풀빛

들어가는 글

'읽고 쓰는' 이모가
'보고 찍는' 조카에게

혹시 코로나19 바이러스에 감염된 적이 있니? 아직까지 한 번도
걸리지 않았다면 정말 다행이고, 걸렸었다면 고생 많았다고 등을
토닥여 주고 싶어. 주변 얘기를 들어 보면 몸이 아픈 것보다 하루
종일 방 안에서 아무도 못 만나고 격리되어 있는 게 더 힘들다고
해. 교도소 독방에 있는 기분이라나. 학교랑 학원에 '공식적으로'
안 가도 되는 학생들은 간만의 해방감에 신나서 유튜브를 보고
놀다가도 사나흘 정도 지나면 밖에 나가고 싶어서 좀이 쑤시고
몸이 시들시들해지더래.

이모는 운 좋게 아직까지 바이러스를 요리조리 피하고 있지만
답답하긴 마찬가지였어. 팬데믹이 시작된 2020년 이후로 외부

일정을 줄여 강의도 온라인으로만 하고, 친구를 만나는 자리는 웬만하면 나중에 보기로 하고 미뤘단다. 그렇게 집 안에만 갇혀 있다 보니 바깥세상 일들이 궁금해서 자꾸만 코로나 기사를 검색해 보고, 뉴스에 더 귀를 기울였어. 그러면서 언론의 역할과 현주소에 대해서 생각의 가지가 쭉쭉 뻗어나가더라.

이모는 직업이 기자라서 매일 취재를 하고 십 년 넘게 기사를 썼어. 그래서 언론을 바라보는 나름대로의 관점이 생겼단다. 하지만 십 대들에게 아직까지는 언론이 낯설다보니 '언론 사용법'에 대해 잘 모를 거야. 아니, 아예 관심 자체가 '제로'일 가능성이 크겠지. 공부하느라 바빠서, 재미가 없어서, 단어가 어려워서일 수도 있고, 온통 어른들만 관심 있는 사건들뿐이어서 그럴지도 몰라. 어떤 이유든 간에 지금 십 대와 언론의 심리적 거리는 지구와 달의 거리만큼이나 멀어 보여.

그렇지만 우리는 언론의 영향권에서 완전히 벗어날 수가 없어. 자기 마음에 따라 생각을 하고 판단하는 것 같지만, 사실은 그렇지가 않거든. 우리의 생각은 미디어, 그 중에서도 언론의 영향을 많이 받고 있어. 나도 모르는 사이에 고정관념이나 편견이 생기기도 하고, 언론에서 하는 말을 곧이곧대로 믿다가 잘못된 판단을 내리기도 해. 그래서 우리는 언론을 잘 이해하고, 어떤 식으로 영향을 받고 있는지 알고 있어야 해. 언론에 숨겨진 '생각'들을 읽을 수 있다면 '너만의 진짜 관점'을 만드는 데에 도움이 될 거야.

쫌 옛날 얘기지만, 이모가 고등학생 때 당시 대학생이었던 두 살 위 친언니가 라디오 사연에 당첨되어 시사 잡지 6개월 구독권을 받은 적이 있었거든? 정작 언니는 대학 생활에 빠져 있어서 비닐 포장을 뜯지도 않았지. 대신 내가 그 잡지를 학교에 가져가서 틈틈이 읽었어. 미국이나 유럽, 아프리카 뉴스를 읽고 있는 나 자신이 왠지 멋있어 보이고, 외국 사진을 보면 숨이 탁 트이는 해방감이 느껴지더라. 여행 기분도 들고 말이야. 교실 맨 뒷자리 창가 자리에서 그 시사 잡지를 뒤적이던 시간이 나름의 힐링 타임이었어. 돌이켜 보니까, 세상을 향한 호기심이 그때 처음으로 싹트면서 시야가 조금 넓어졌던 것 같아.

이 책은 타인과 세상에 대한 호기심으로 가득 차 있어. 기사는 어떤 과정을 거쳐 만들어지는지, 사람들의 생각은 어떤 방식으로 담겨 있는지, 여론이란 도대체 뭔지, 또 언론을 둘러싼 요즘 이슈가 무엇인지. 질문이 꼬리에 꼬리를 물고 이어진단다. 한 스푼의 호기심만 가지고 있다면, 이 이야기들이 좀 더 맛있게 느껴질 거야.

잘 모르겠다고? 걱정 마. 유튜브에서 핫한 동영상을 '보고', SNS용 사진을 느낌 있게 '찍는' 데에는 네가 한 수 위지만, 맥락을 '읽고', 기사를 '쓰는' 데에 익숙한 이모가 친절한 가이드가 되어 줄 테니까. 그럼 이제, 여덟 가지 주제를 따라서 토크 여행을 떠나 볼까?

차례

1

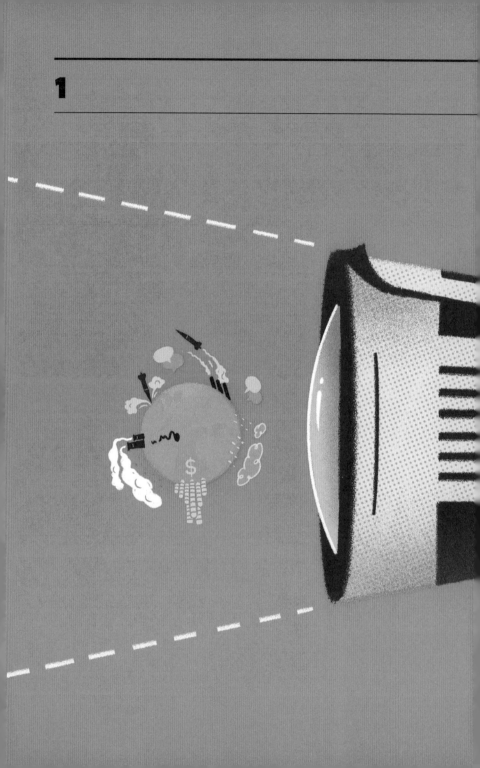

언론, 그게 왜 중요한데?

오늘 하루 우리 사회에서, 또 세계에서는 어떤 일이 벌어지고 있을까? 또래 친구들은 어떤 생각을 하며 살고 있는지 궁금하지 않아? '세상을 보는 창'인 언론을 알면 나를 둘러싼 세상을 이해할 수 있어. 무엇보다 언론과 친해지면 신문 기사가 웹소설 만큼 재밌고, TV 뉴스가 유튜브처럼 가깝게 느껴질 거야.

지서 이모, 오늘은 회사 안 나가? 일요일에도 자주 출근하잖아.

이모 뉴스는 1년 365일 해야 하니까 휴일에도 쉬기 어려운데, 이 번 주는 휴가를 냈어. 지난주에 일이 많았거든. 봐봐, 눈 밑 에 다크서클이 턱까지 내려와 있지?

지서 어, 그러네.

이모 헉, 슬픈데. 그나저나 너 얼마 전에 좋은 일 했더라? 네 엄마 한테 얘기 들었어. 용돈 모아 놓은 걸 우크라이나 피난민 구 호를 위해 전부 기부했다며?

지서 어, TV 채널 돌리다가 우연히 뉴스를 봤는데, 갓난아기가 엄마 품에 안겨서 국경을 넘고 있는 거야. 그걸 보니까 눈물 을 못 참겠더라. 도대체 어른들은 왜 전쟁을 하는 거야. 죄 없는 애들이 너무 불쌍해!

이모 불쌍한 마음은 누구나 가질 수 있는데, 마음을 행동으로 옮 기다니. 우리 조카 참 대견하다. 머리 좀 쓰담쓰담해도 될까?

지서 안 돼. (정색) 앞머리 망가져.

이모 알았어. 그런데 단어 하나가 걸리네. 뉴스를 그냥 '우연히' 봤다?

지서 어, 뉴스 재미없어서 잘 안 봐.

이모 이모가 기자인데 뉴스를 안 본다고 대놓고 말하다니, 듣는 이모 서운하려고 하네.

지서 그럴 시간에 재밌는 영상 하나라도 더 봐야 된다구. 근데 이
     모, 러시아 국민들은 이번 전쟁을 찬성한다는데 그 얘기가
     진짜야?

이모 오, 뉴스의 내용이 팩트가 맞는지 의심하고 질문하는 건 좋
     은 자세야.

지서 친구들은 내가 그렇게 물어 보면 속고만 살았느냐, 의심병
     환자 아니냐는 반응이던데. 역시 우리 이모는 칭찬을 잘한
     다니까.

이모 하하, 나 조카 바보인가?

전쟁이 터지자 러시아에서 벌어진 일

이모 뉴스에 보도된 내용인데, 러시아군이 우크라이나를 침공하
     고 나서 일주일 만에 러시아 정부가 법안 하나를 통과시켰
     어. 러시아군에 대해 믿을 수 없는 보도를 하면 징역 15년형
     에 처한다는 내용의 법이야. 여기서 말하는 '믿을 수 없는 보

도'란 게 뭐겠어?

지서 음. 가짜 뉴스인가?

이모 땡! 정부가 공식 발표한 딱 그 내용만 기사에 쓰라는 거지. 러시아 정부는 당연히 불리한 건 숨기고 정권에 유리한 것만 골라 발표하겠지? 전쟁 반대 여론을 억누르려고 언론의 입부터 재빨리 틀어막은 거야.

그 뿐 아니라 러시아 정부는 우크라이나 침공 뉴스에 '전쟁'이란 단어를 쓰지 말라고 자국 언론사에 보도 지침까지 따로 내렸다고 해.

지서 아니, 전쟁을 전쟁이 아니면 도대체 뭐라고 말해야 돼? 아버지를 아버지라 부르지 못하고… 홍길동이야, 뭐야.

이모 전쟁이 아니라 '특수 작전'이라고 쓰라는 거야. 이걸 따르지 않은 러시아 언론사들은 지금 다 문을 닫았다고 해.

지서 아…. 그럼 나라 밖에서 어떤 일이 벌어지고 있는지 러시아 국민 중에는 정확히 알지 못하는 사람들이 많을 것 같아.

이모 그렇겠지. 정부가 언론을 통제하고 있으니까 말이야. 언론의 제일 기본적인 역할이 정확한 정보를 알리는 것인데, 그

● 일명 '가짜 뉴스 처벌안'으로 불리는 러시아 미디어법 개정안은 자국 언론뿐 아니라 러시아 내에서 활동 중인 외신에도 적용돼. 미디어 법을 위반한 기자는 300만 루블(약 4,446만 원) 이상의 벌금, 최대 10년의 구금, 또는 5년에 달하는 교정 노동형을 선고받을 수 있어.

게 지금 제대로 작동되지 못하고 있는 거야.

지서 사람들을 한꺼번에 속이는 거네!

이모 안타깝지만 권력이 언론을 악용해 국민들을 속였던 적은 많아. 1994년에 있었던 아프리카 르완다 대학살이 생각나는데, 당시 르완다 국민은 85%가 후투족, 14%가 투치족이었어. 그런데 후투족이 라디오를 통해 "투치족은 위험하다. 한 명도 남기지 말고 없애라!" 같은 증오에 찬 말을 반복적으로 방송했어. 후투족인 대통령을 투치족 사람이 죽였다는 등의 확인되지 않은 말도 퍼뜨렸고.

지서 라디오를 듣는 사람이 그렇게나 많아?

이모 개발도상국인 르완다는 대부분 가정에 TV가 없었고, 거의 라디오로만 소식을 들을 수 있었거든. 이전에도 두 부족 간에 갈등이 있긴 했지만, 이 라디오 채널의 선동 방송 이후 급기야 후투족은 투치족을 무참히 살해하기 시작했어. 바로 며칠 전까지 이웃으로 사이좋게 지내던 사이였는데 말이야. 심지어 후투족 남편이 투치족인 부인을 제 손으로 죽이는 일까지 있었지. 이렇게 100일 동안 전체 인구의 10퍼센트에 달하는 80만 명 이상이 목숨을 잃었어. 증오의 말이 언론을 타고 퍼지면서 대량 학살로 이어진 비극이지.

르완다 대학살 때 5,000명의 투치족 피난민이 살해당한 응토라마 성당의 모습. 투치족 피난민들은 이곳에 갇혀 산 채로 불에 타 죽거나 총과 칼로 처참히 살해당했다. 현재 응토라마 학살 기념관이 된 이 성당에는 희생자들의 유류품과 두개골 등이 남아 있다(출처: 위키피디아).

지서 으, 사람들을 조종한 거잖아. 상상만 해도 끔찍해.

이모 이렇게 권력이 불순한 목적을 가지고 언론을 조작하면 많은 사람들이 부정확한 정보를 얻게 되고, 돌이킬 수 없는 잘못을 저지르게 만들어.

언론이 도대체 뭐기에

지서　그렇게 힘 있는 사람들 손에 들어가서 언론이 나쁘게 이용
될 거라면 차라리 언론이 없는 게 나을 것 같아!

이모　네 말을 들으니 생각나는 명언이 하나 있다. 토마스 제퍼슨
미국 대통령*이 한 말인데, "언론 없는 국가와 국가 없는 언
론 중에 선택해야 한다면, 나는 주저 없이 국가 없는 언론을
택하겠다." 라고 했어. 언론이 민주주의를 위해 반드시 필요
하다는 걸 강조한 말이지.

지서　언론 이야기하다가 갑자기 웬 민주주의. 민주주의는 국민이
주인이다, 이 뜻 아냐?

이모　그래. 민주주의는 국가를 통치하는 권력이 특정 개인이나
소수 집단이 아니라 모든 국민에게 있고, 국민이 그 권력을
행사하는 체제를 말하지. 그렇다면 국민들이 그 소중한 권
리를 잘 사용하려면 뭐가 먼저 필요할까?

지서　음, 주인 의식?

● 미국의 3대 대통령(재임 1801~1809년)으로, 미국 독립선언서의 기초를 만들어서 미국 건국
의 아버지로 불려. 종교, 언론, 출판의 자유를 확립하는 데에 힘을 쏟았어. 이 발언에서 제퍼
슨은 '신문(newspapers)'이라고 말했지만, 지금은 언론으로 해석되고 있어.

이모　하하. 그 말도 맞긴 하지만 국민들이 의사 결정에 참여하기 위해서 일단은 정확한 정보가 공유돼야 해. 지금 우리 사회에 어떤 일이 벌어지고 있고, 어떤 게 중요한지 제대로 알아야 시민들이 올바른 판단을 내리고 건강한 토론을 할 수 있으니까 말야.

지서　하긴 아무것도 모르거나 전혀 엉뚱하게 알고 있으면 친구들 사이에서도 대화 자체가 안 되더라고. 암튼 우리 사회에 언론이 필요하다는 말은 일단 이해했어. 뭐, 이모가 기자니까 같은 업계 편을 더 들어주는 거겠지? 근데 우리 십 대들은 뉴스 진짜 안 본다니까 그러네.

이모　과연 그럴까? 네가 아는 것 중에 직접 두 눈으로 보고 알게 된 것에 대해 생각해 볼래?

지서　음, 많진 않겠지. 중학생 이후부턴 완전히 학교, 학원, 집. 자고 일어나서 학교, 학원, 집.

이모　후후, 안쓰럽긴 하다. 그런데 그건 어른들도 마찬가지야. 직접 경험해서 아는 건 한계가 있지. 우리는 원하든 원하지 않든 간에 미디어를 통해 수많은 정보를 매일 접하게 돼. 그래서 미디어, 그 중에서도 특히 언론을 가리켜 '세상을 보는 창'이라고 해.

지서 집에 있는 그 유리창?

이모 맞아, 사람들은 언론이라는 커다란 창을 통해 바깥세상을 보지. 만약 창이 없거나 너무 작을 때, 아니면 창이 너무 더러워서 불투명하다면 바깥에서 무슨 일이 벌어지고 있는지 정확히 알 길이 없어.

지서 TV로 뉴스를 시청하는 모습이 어쩌면 창문으로 바깥세상을 보는 것과 비슷하긴 하다. 그런데 이모가 지금 말하는 언론이라는 거 말이야, 그 언론이란 말이 정확하게 뭐야? 방송사? 신문사?

이모 언론은 신문이나 방송, 잡지 같은 매체를 통해 뉴스와 정보를 전달하고, 의견과 논의를 펼쳐서 여론을 형성하는 기능을 하는 활동 전반을 가리키는 말이야.

지서 그렇구나. 이모는 직업이 방송사 기자니까 언론인이겠네?

이모 그렇지. 여기서 문제 하나. 영어 단어 '프레스(press)'의 뜻이 뭘까?

지서 '누르다'잖아. 너무 쉬운데?

이모 맞아. 그런데 프레스는 '언론, 기자, 보도'라는 다른 뜻도 가지고 있어. TV가 발명되기 전까지 우리가 바깥세상을 알 수 있는 방법은 신문뿐이었는데, 이 신문을 만들 때 대형 인쇄

기(press)에 찍어서 나온다고 해서 언론이란 뜻으로 확장이

된 거야. 이모가 취재할 때 목에 걸고 다니는 기자증을 프레

스 카드라고 하고, 영화를 개봉하기 전에 기자들을 대상으

로 상영하는 것을 프레스 시사회라고 하지.

지서 오늘 이모, 쫌 멋있는데?

이모 이제 좀 언론*에 관심이 생겨?

요즘 누가 기사를 믿냐고?

지서 근데 잠깐! 이모 말을 들으니까 언론이 바깥세상을 알기 위

해서 필요하다는 건 알겠는데, 왜 사람들은 기자를 '기레기'

라고 비하하는 거야? 얼마 전에 아이돌 열애설이 떴는데 친

구가 완전 열받아서 기레기들이 어쩌고 저쩌고 하는거야.

나는 이모가 생각나서 리액션 안 하고 조용히 입 다물고 있

었지만, 나도 그 단어는 알아. 기자와 쓰레기를 합쳐서 기레

● 라디오와 TV가 등장하기 전까지 언론은 신문이나 잡지밖에 없었어. '저널(journal)'도 인쇄
  매체를 가리키는 말이었지만, 언론 매체가 다양해지면서 의미가 확대돼 '저널리즘
  (journalism)'은 보도 활동, '저널리스트(journalist)'는 언론인을 뜻하게 되었어.

기라고 대놓고 욕하는 거잖아.

이모　허위 기사나 부풀린 기사들, 한쪽으로 치우친 기사들, 제목을 자극적으로 지어서 클릭을 유도하는 낚시성 기사들을 보고 실망한 사람들이 언론에 대해 매우 안 좋은 인식을 갖고 있는 건 사실이야. 이모도 처음 기자가 됐던 십 년 전과 비교하면 사람들이 언론에 실망하고 불신이 깊어지고 있는 게 피부로 팍팍 느껴져.

수치로도 확인할 수 있는데, 로이터저널리즘연구소에서 매년 발간하는 〈디지털 뉴스 리포트〉의 뉴스 신뢰도 조사*에 따르면 우리나라는 2016년부터 계속 최하위권이었어. 2022년 기준 46개 나라 중에서 40위. 여전히 꼴찌 그룹이야. 우리나라 국민들이 언론을 잘 믿지 않고 있다는 거야.

지서　치잇, 사람들이 못 믿는 건 다 이유가 있겠지. 팩트도 아닌 기사가 너무 많아서 그러는 거 아냐? 아니면 말고 식으로 말야.

이모　뼈 때리는 말인데? 네 말이 다 맞아. 이모를 포함해서 언론계에서 일하는 모든 사람들이 깊이 반성해야 할 부분이야.

● 로이터저널리즘연구소 설문조사는 한국언론진흥재단 홈페이지(www.kpf.or.kr)에서 더 자세히 볼 수 있어. 참고로 '뉴스 신뢰도' 1위는 핀란드, 꼴찌는 미국이었어.

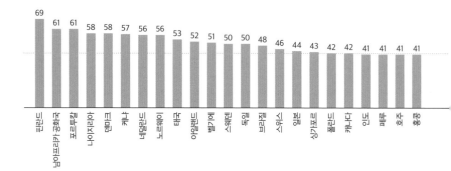

민주주의를 위해 힘써야 할 언론이 반대로 시민들에게 믿
음을 주지 못하고 있는 거니까 심각한 잘못이지. 그래서 언
론계에서도 신뢰를 되찾기 위해서 여러 고민과 시도들을 하
고 있긴 해. 팩트 체크 기능을 좀 더 강화하고, 친절한 길라잡
이가 될 수 있는 요약·해설 기사 개수도 점차 늘리고 있어.

지서 그래도 인터넷을 보면 제목만으로도 기레기 소리가 나오는
기사들이 많다는 것쯤은 나도 알아.

이모 십 대들 사이에서도 어른들 못지않게 언론 불신이 팽배하
구나. 인터넷을 통해 홍수처럼 기사가 쏟아지다 보니 경쟁
이 치열해졌어. 좋은 쪽으로 나아가며 경쟁하면 참 좋았을
텐데, 현실은 정반대야. 자극적인 제목과 검증도 안 된 기사
들이 많아져서 동시에 질적으로 하락하고 있어.

뉴스 전반에 대한 신뢰도(단위: %)(출처: 한국언론진흥재단, 〈미디어 이슈〉)

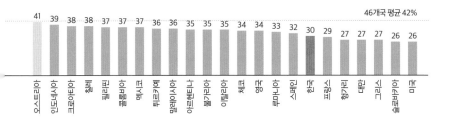

46개국 평균 42%

언론은 민주주의의 파수꾼

이모 그런데 조카님, 기사를 불신하고 기자를 쓰레기에 비유하며 혐오하는 것이 과연 언론을 대하는 태도로 괜찮을까?

지서 그게 무슨 말이야?

이모 내 생각엔, 언론 자체를 비난하기보다는 언론이 제대로 작동하지 않고 있는 현 상황을 비판하면 더 좋을 것 같아.

지서 왜 그래야 하는데?

이모 언론은 민주주의가 작동하기 위해 반드시 필요한 도구이자, 민주주의가 잘 작동되고 있는지 감시하고 지키는 파수꾼이야. 한 사회의 민주주의는 그 나라 언론의 수준을 넘어서지

못한다는 말이 있어. 언론에 실망해 혐오하거나 그대로 내

버려두면 결국 우리 사회 민주주의 수준까지 함께 추락하

게 돼. 언론이 허위 정보를 퍼뜨리는 것도 문제지만, 결국 그

것이 허위임을 밝혀내고 정확한 정보를 제공하는 것 역시

언론이 해야 할 몫이거든. 우리 시민들도 언론이 파수꾼 역

할을 올바르게 수행할 수 있도록 관심을 가지면 좋겠어.

지서 우리가 관심을 가진다고 뭐가 바뀔까?

이모 돌아가신 김수환 추기경이 이런 말씀을 하셨어. "언론이 진

실을 보도하면 국민들은 빛 속에서 살 것이고, 언론이 권력

의 시녀로 전락한다면 국민들은 어둠 속에서 살 것이다." 언

론에 변화를 촉구하는 것 역시 민주 시민들이 할 일이야. 권

력의 시녀 역할을 하는 언론에 비판의 목소리를 내고, 진실

을 보도하는 좋은 기사에 지지와 응원을 보내 주는 게 필요

해. 그러니까 미래의 주인공인 너희들도 무관심이나 혐오

대신에 언론 쫌 아는 십 대가 되어 줄래?

언론의 사명은
권력 감시와 비판

1972년 6월 17일 새벽, 민주당 선거 사무실이 있던 미국 워터게이트 빌딩에서 희한한 사건이 벌어졌어. 야간 순찰을 돌던 경비원이 지하 주차장 출입문에서 접착 테이프로 묶인 자물쇠 하나를 발견한 거야. 신고를 받고 출동한 경찰이 절도범 다섯 명을 체포했는데, 이들 소지품에서 난데없이 도청기가 나왔어. 절도범 중 한 명은 전직 CIA(미국 중앙정보국) 직원이었고. 어때? 단순한 절도 사건은 아닌 것 같지?

　민주당 사무실 건물에서 이런 수상한 일이 벌어졌으니 사람들의 관심이 한 곳으로 쏠렸어. 민주당의 라이벌인 공화당 소속 리처드 닉슨 대통령에게 말이야. 닉슨은 대통령 재선을 노리고 있었거든. 백악관 대변인은 말도 안 된다며 펄쩍 뛰었어. 그러자 의심은 금세 사그라들었어. 따지고 보면 닉슨 대통령이 그런 일을 꾸밀 이유가 별로 없었거든. 민주당 후보보다 닉슨의 지지율이 훨씬 높았으니까 말이야. 이미 1등인데 민주당에 크게 신경 쓸 필요가 있겠어? 그렇게 이 일은 빠르게 잊혀져 갔고, 닉슨은 무난하게 선거에 승리해 두 번째 대통령 임기를 시작했어.

　하지만 그때, 모두가 의심을 거둔 건 아니었단다. 〈워싱

워터게이트 사건을 끈질기게 취재했던 밥 우드워드(왼쪽)와 칼 번스타인(오른쪽) 기자의 모습(출처: 위키피디아)

턴 포스트〉 신문사 기자인 밥 우드워드와 칼 번스타인은 이 사건에 계속 의심을 품고 취재를 이어 갔어. 마치 한번 물면 절대 안 놓는 사냥개들처럼 집요하게 말이야.

그러던 중 내부 고발자까지 등장했어. 진실을 밝히기 위해 자신이 속한 기업이나 조직에서 저지른 비리를 용기 있게 폭로하는 사람을 '내부 고발자'라고 해. 내부에 있으니까 핵심 정보를 많이 알고 있지. 정부 조직에 몸담고 있었던 이 내부 고발자는 두 열혈 기자에게 결정적인 정보를 넘겨줬어. 그렇게 이 사건의 전모가 낱낱이 보도됐지.

진실은? '혹시나' 했던 게 '역시나'였어. 닉슨 대통령 측근의 지시에 따라 배관공으로 위장한 정보부 요원들이 민주당 선거 본부에 도청 장치를 설치하려고 시도를 했던 거야.

이 추악한 진실이 드러나자 미국 국민들은 크게 실망했어. 닉슨 대통령을 탄핵해야 한다는 여론이 뜨거웠지. 결국 1974년 8월 7일, 닉슨은 스스로 대통령 자리에서 물러나. 이게 바로 언론의 힘으로 미국의 최고 권력자를 끌어내린, 그 유명한 '워터게이트 사건'이야. 우드워드와 번스

워터게이트 사건으로 대통령 자리에서 물러나게 된 리처드 닉슨 대통령이 사임 연설을 하고 있다(출처: 위키피디아).

타인이 취재 과정을 낱낱이 기록한 책은 미국 언론학 수업 교재로도 쓰인단다. 이후 다른 나라에서도 권력형 부정부패 사건이 드러날 때 'OO 게이트'라는 별칭이 붙곤 해. 관심을 가져 보면, 기사에서 정치권의 큰 부패나 비리가 보도될 때 '게이트'라는 단어가 눈에 띌 거야.

　워터게이트 사건이 수면 위로 드러나기까지의 과정을 보면 언론이 권력의 감시자 역할을 톡톡히 했다는 것을 알 수 있어. 언론의 가장 큰 사명은 권력에 대한 '감시'와 '비판'이야. 아무에게도 통제받지 않은 권력은 부패하기 쉬워. 그래서 언론은 권력이 부패하는지 잘 감시하고, 만약 비리가 있다면 이를 파헤쳐 시민들에게 알려야 해.

하지만 미국의 워터게이트 사건은 언론이 민주주의를 위해 꼭 필요하다는 걸 증명한 동시에 대다수 언론들의 부끄러운 민낯까지 동시에 보여 주기도 했어. 대다수 언론사들은 닉슨 대통령이 사임하기 직전까지 권력의 눈치를 보면서 보도하기를 꺼렸거든. 언론의 감시자 기능이 정상 작동하지 못하고 있었던 거야. 어떤 의혹이 제기됐을 때 그게 사실이 맞는지 여러 번 확인하고, 만약 사실이라면 그 내부까지 파고들어 본질을 국민 앞에 드러내는 것, 이것이 언론의 사회적 책임이야.

2

뉴스가 되는 기준은?

우리 주변에 일어나는 많은 일 중에 어떤 건 뉴스가 되고, 어떤 건 뉴스가 되지 않을까? 수학 공식처럼 딱 정해진 건 아니지만 들여다보면 나름의 법칙이 있단다.

하나의 사건이 기사로 만들어지기까지 거쳐야 하는 여러 개의 문을 함께 통과해 보자. 헷갈릴 때면 영화 〈곡성〉의 대사를 떠올려 봐. "뭣이 중헌디, 뭣이 중허냐고!"

지서　이모가 쓴 뉴스를 내가 찾아봤지!

이모　오호, 뭔데? 네가 기자 느낌을 살려서 한번 읽어 볼래?

앵커　밤사이 사건 사고 소식입니다. 새벽에 화학약품 공장 창고에서 큰 불이 나 세 명이 다치고, 주민들이 대피하는 소동이 벌어졌습니다. ○○○ 기자가 보도합니다.

기자　시뻘건 화염이 하늘로 솟구칩니다. 소방대원들이 물을 뿌리지만 불길이 쉽게 잦아들지 않습니다. 오늘 새벽 5시, 경기도 ○○시 △△구에 있는 화학약품 공장 물류창고에서 불이 났습니다.

김○○ (화재 목격자 인터뷰)

"갑자기 펑 하는 소리가 나서 자다가 깜짝 놀라서 나가 보니까 저쪽에서 불길이 치솟더라고요. 그러더니 연기가 하늘로 시커멓게 나대요. 그래서 바로 119에 신고하고……."

소방당국은 소방차 20대를 동원해 진화에 나섰지만, 바람이 강해 진화에 어려움을 겪었습니다. 창고 안에 시너 등 화학약품이 보관되어 있어 진화 작업은 더디게 진행됐으며, 부분적인 폭발이 일어나기도 했습니다.

이 사고로 직원 56살 정 모 씨 등 세 명이 연기를 마셔 병원으로 옮겨져 치료를 받고 있습니다. 화재 현장 인근 주민 이백여 명이 한밤중에 대피하는 소동이 벌어지기도 했습니다. 불은 물류창고 1층과 2층을 모두 태우고 소방서 추산 6억 원의 재산 피해를 낸 뒤 3시간만에 꺼졌습니다.

최○○ (소방서 관계자 인터뷰)

"공장에 인화성 물질이 많아서 유독 가스가 나와 대응 1단계를 내리고 큰 불길을 잡는 작업을 마쳤습니다."

소방당국은 날이 밝는 대로 정확한 화재 원인과 피해 규모를 조사할 계획입니다.

이모 이야, (박수치며) 그럴듯한데?

지서 뭘 이 정도 가지고. 근데 이 화재는 어떻게 알게 된 거야?

이모 취재하는 방법은 다양한데, 시청자 제보를 받기도 하고 경찰서나 소방서 같은 곳에서 무슨 사건 사고가 신고되었는지 취재를 하기도 해. 그래서 늘 취재원들과 가까이 지내고 있지.

지서 잠깐, 취재원이 뭐야?

이모 기사를 쓸 때 필요한 정보들을 제공하는 사람들을 말해.

지서 아하.

이모 이날 내가 도착했을 때는 사건 현장이 아직 주변 통제가 안 된 상태였어. 함께 간 카메라 기자는 화재 현장과 진화 작업 중인 소방대원들, 잠옷 바람으로 나와서 혹시라도 불이 번질까 걱정하고 있던 주민들을 촬영했지. 그걸 통틀어서 취재라고 하는 거야. 취재는 기사를 쓰기 위해 필요한 재료들을 모으는 일을 말해. 기자가 기사를 상상만으로 지어내면 안 되지. 현장에 가서 직접 확인하고, 어떤 것을 기사에 쓰고, 어떤 것은 버릴지 잘 따져 봐야 해. 아무리 요리 솜씨가 좋아도 재료가 부실하면 제 맛을 낼 수 없는 것처럼, 진실에 가까이 다가가기 위해 최대한 많은 취재를 하는 것이 기자의 기본자세야.

화재 현장에 도착한 기자, 뭐부터 할까?

지서 그럼 이모는 저 현장에 도착해서 어떤 취재를 했어?

이모 일단 이런 사고가 났을 때에는 인명 피해가 일어났는지가 중요해. 안에 사람이 있는지, 혹시 구조가 다 안 됐다면 큰일이니까. 그리고 화학약품 공장이니까 폭발 위험도 있었어. 유독 가스가 나오면 주민들에게 위험하니까 그런 것도 취재를 해야 하지. 무엇보다 불이 왜 났는지 원인을 소방서 관계자들에게 물어봤어. 또 공장 측에서 안전 조치를 소홀히 해서 불이 났을 가능성도 체크했지. 저 날은 최초 119 신고자를 만나서 인터뷰*를 할 수 있었어.

지서 내가 다른 기사도 검색해서 찾아봤거든? 근데 그 기사에는 주민 인터뷰도 없고, 불도 다 진화된 사진이라서 큰 불처럼 안 보이더라고. 기사도 아주 짧게만 났어.

이모 그러니까 기자들은 늘 현장에 최대한 신속하게 달려가서 모습을 담으려고 하는 거야. 다 끝나고 나면 이미 상황이 정

● 인터뷰는 다 들어 봤지? 특정한 목적을 가지고 개인이나 집단을 만나 정보를 수집하고 이야기를 나누는 걸 인터뷰라고 해. 주로 기자가 취재를 위해 인터뷰를 많이 하지.

리돼서 생생하게 전달할 수 없거든. 아마 어떤 기자는 너무 늦게 현장에 가서 주민들을 만날 수 없었을 거야.

지서 이모가 성격이 급한 게 다 이유가 있었네. 직업병이었어!

이모 하하하, 맞아.

지서 그럼 이모가 쓴 기사가 제일 잘 쓴 거야?

이모 그럼 좋겠지만, 무조건 속보 경쟁에서 이겼다고 좋은 기사인 건 아니야. 다른 기자가 쓴 기사가 며칠 뒤에야 보도가 됐는데, 소방 진입로를 막은 불법 주차 차량들 때문에 소방차 도착 시간이 늦어졌다는 문제점을 지적하는 내용으로 기사를 냈어. 이런 걸 심층 보도라고 하지.

지서 심층? 바닷속 심층, 할 때 그 심층?

이모 응. 맞아. 세상에 잘 드러나지 않은 깊숙한 부분까지 들여다보고, 그걸 취재해서 쓴 기사가 심층 보도야. 현장에서 어떤 소방관이 기자에게 지나가듯이 "밤에 주차해 둔 차들 때문에……."라고 얘기했던 걸 놓치지 않고 추가 취재를 했을 수도 있겠지? 하루만 지나도 뉴스(News)는 낡은 올드스(Olds)가 된다고 하지만, 이런 심층 기사야말로 세상을 바꾸는 힘이 있어. 사람들의 인식을 바꾸기도 하고, 새로운 정책을 만드는 계기가 되기도 하니까 말이야.

지서 취재를 신속하게 빨리 하는 것도 중요하고, 그 취재한 것을
곰곰이 생각해서 심층적으로 찬찬히 들여다보는 것도 못지
않게 중요하다는 거네. 세상을 좋은 쪽으로 바꾸려면?

이모 맞아. 그 기사를 본 사람들은 심야 시간에 소방 진입로를 막
으면 위험하니까 불법 주차를 안 해야겠다고 생각하겠지.

지서 난 그래도 이모가 마이크 들고 뉴스에 나올 때 제일 멋있어.

이모 너 은근 위로하는 거지?

지서 오, 이모 눈치 빠르네.

뉴스는 여러 문을 통과해야 해

이모 아까 다른 기사들도 찾아봤다고 했지? 아예 그 기사가 없던
신문사도 있고, 간단히 보도한 뉴스도 있었다며. 왜 그렇게
차이가 났을까?

지서 다른 기자가 깜빡 잊고 취재를 안 한 게 아닐까?

이모 (웃으며)설마. 언론사에는 여러 단계의 결정 과정이 있어. 취
재를 할지 말지 정하는 게 그 첫 번째 과정이고, 취재를 하

기로 결정했다면 현장에서 취재한 내용을 가지고 기사를 쓰는 일, 영상을 편집하거나 지면을 구성하는 과정도 있어. 그리고 이 기사가 보도할 만한 가치가 있는지 한번 더 확인하고 기사를 고치거나 추가 취재를 지시하기도 해.

지서 누가 하는데?

이모 '데스크(desk)'라고 부르는데, 보통 취재 경험이 많은 선배 기자들이 이 역할을 맡아. 방송 뉴스는 편집부가 있는데, 그 기사를 몇 번째 순서로 보도할지 결정해. 신문의 경우, 데스크의 판단에 따라 1면에 큰 사진과 함께 내보낼 수도 있고, 사회면 구석 자리에 세 줄짜리 짧은 기사만 싣기로 할 수도 있어. 그런 과정을 통틀어 쫌 어려운 말로, '게이트키핑 (gate-keeping)'이라고 해.

지서 게이트는 문인데?

이모 응, 여러 단계의 문마다 문지기가 지키고 있다가 통과시킬지 걸러낼지를 정하는 거야. 기삿거리를 정하고 기사의 비중을 결정하고 내용을 수정하는, 일종의 취사선택 과정이지.

지서 기사의 운명을 결정한다? 영화에서 로마 황제가 엄지손가락을 위로 올리느냐, 아래로 내리느냐에 따라서 생사가 결정되던데, 그 장면이 생각나.

이모 울 조카님은 게이트키핑을 죽이느냐 살리느냐로 생각한다 니 신선한 걸. 어떤 의미에서는 네 말이 맞아. 사실 언론 현장에서는 이 게이트키핑이란 의미가 입맛에 맞는 것만 골라서 보도한다는 뜻으로 받아들여지기도 해. 하지만 원칙적으로 말하자면, 이 게이트키핑 기능은 언론사에 반드시 필요한 거야. 잘못된 선택을 하지 않기 위해서 여러 과정을 거치는 거잖아. 이모도 기사에 실수를 할 뻔한 적이 많은데 게이트키핑 덕분에 실수를 피했지.

지서 잠깐, 이모처럼 꼼꼼한 사람도 실수를 해? 무슨 실수였는데? 최근 일 하나만 말해 줘.

이모 '미세먼지 관련 제품이 인기를 끈다'는 주제로 현장 취재를 나간 적이 있어. 그런데 제품 중에 필터를 코에 직접 부착하는 제품이 있더라고. 신기하기도 하고, 그걸 사는 시민도 있어서 인터뷰를 했지. 그 사람이 말하길 효과가 좋다는 거야. 그 인터뷰를 포함해 기사를 썼는데 게이트키핑에서 탁 걸렸어. 효과가 아직 입증되지 않은 건데 부정확한 정보를 주면 위험하다는 게 이유였지. 기사 수정 지시가 내려왔어.

지서 그럼 게이트키핑이란 게 좋은 거네. 실수를 방지하는 안전장치 같은 거잖아.

이모 (웃으며) 꼭 그럴까?

지서 아, 뭐야. 게이트키핑이 좋은 거랬다가, 또 아니랬다가.

이모 사람이 뭔가를 선택할 때는 그 사람의 가치관이 들어가. 그 사람의 평소 생각도 있을 테고, 편견이나 고정관념도 있지. 개인적인 것뿐 아니라 한 국가의 정치·경제·사회 문화적 인식도 게이트키핑에 영향을 미쳐. 그러니까 언론인들은 게이트키핑이 진실에 가까운 방향으로 결정되는지를 잘 따져 봐야 해.

지서 와우, 기사 하나 쓰는 게 간단한 문제가 아니네.

이모 공공성이 중요하니까. 언론은 사회의 공기라는 말이 있어.

지서 (숨 크게 들이쉬며) 이 공기?

이모 하하, 그것도 말 되네. 사람이 살아가는 데에 꼭 필요하니까. 그런데 여기서 말하는 공기는 '공평할 공(公)'에 '그릇 기(器)' 자를 써서 공적인 그릇이라는 의미야. 언론은 개인의 소유물이 아니라 사회 구성원 전체에 영향을 미치기 때문에 공적인 역할을 해야 한다는 거지.

지서 나는 숨쉬는 공기란 뜻이 더 와닿는데?

이모 그것도 인정. 공기 없이는 사람이 살 수가 없으니까 말이 된다. 언론사마다 게이트키핑이 공적인 가치에 맞게 이뤄지는

지 살펴야 하고, 언론을 소비하는 우리도 그런 기사를 찾아
읽어야겠지.

뉴스 가치가 정해지는 기준들

이모 그런데 지서야. 우리 주변에도 매일 사건 사고가 많이 일어
나잖아. 이모가 그날 화재 사건을 취재하고 여러 판단을 거
쳐 보도를 해서 많은 사람들에게 소식을 알렸던 이유가 도
대체 뭘까?

지서 그거야 당연히 불이 났으니까…….

이모 그럼 이 똑같은 화재 사건을 그날 바로 보도하지 않고 묵혀
뒀다가 일주일 뒤에 뉴스로 내보내도 될까?

지서 그건 안 되지. 시간이 지나 버렸잖아.

이모 (웃으며)그렇겠지? 세상에 뉴스처럼 썩기 쉬운 상품은 없다
는 말이 있어. 그래서 뉴스 가치를 결정하는 것 중에 기본적
인 게 바로 시의성이란 거야. 쉬운 말로 타이밍. 사건 사고가
벌어진 당일에는 사람들이 관심 있어 하지만, 하루 이틀만

지나도 관심이 뚝 떨어져. 이모도 이 화재 사건을 며칠 뒤에 알게 됐다면 기사로 굳이 안 썼을 거야.

지서 타이밍이 중요하긴 하지.

이모 그리고 똑같은 사건이라 하더라도 저 멀리 미국에서 벌어진 일보다 우리나라에서 일어난 일이 더 뉴스 가치가 있겠지? 근접성에 따라 뉴스의 중요도가 더해지거나 줄어들기도 해.

지서 가까이서 벌어진 일에 더 관심이 쏠린다, 이 말이구나?

이모 맞아. 그리고 만약 어떤 공장에 난 화재로 인근 일대가 정전이 되고, 시민들이 불편을 겪고, 불이 난 회사의 주가에도 영향을 미치면 그 뉴스 가치가 훨씬 더 높아지겠지? 그걸 영향성이라고 하는데, 자기랑 관련이 있다고 느끼면 더 주요한 뉴스가 된다는 거야. 대통령 선거처럼 우리 사회 전체에 큰 영향을 끼치는 일은 뉴스 가치가 더 높아지지. 선거 땐 후보자들의 일거수일투족이 다 뉴스가 되고.

지서 아! 그리고 유명한 사람이 껴 있으면 뉴스가 되지 않아?

이모 맞아. 사람들의 관심도가 쭉 올라가지? 단순한 사건이라도 유명한 인물이나 장소와 관련되어 있으면 그것도 뉴스가 돼. 이모가 사회부 기자였을 때 한밤중에 불이 났다고 해서 취재를 갔어. 시골 마을에서 가끔 일어나는 화재에다가 피해액도 얼마 안 됐어. 그런데 현장에 도착해 보니까 그 기와집이 바로 최명희의 대하소설 〈혼불〉의 배경이 된 종갓집이었던 거야. 소설의 독자들이 무척 안타까워한 기사였어. 며칠 내내 취재를 했지.

지서 그렇구나. 그런데 이렇게 복잡한 기준들을 떠나서 그냥 단순하게 웃긴 뉴스 같은 것도 내보내지 않아? 세상에 이런 일이 같은 황당 사건들. 그런 기사 보면 피식 웃게 되던데.

이모 흥미를 끄는 뉴스지. 뉴스 가치를 정하는 말 중에 유명한 말이 있어. "개가 사람을 물면 뉴스가 안 되지만, 사람이 개를 물면 뉴스가 된다." 개가 사람을 무는 사고는 가끔 벌어지는 일이라 사람들이 관심을 안 보이지만, 반대로 사람이 개를 물었다면? 앞뒤 상황이나 스토리가 매우 궁금하겠지?

지서 잠깐만, 스톱. 나는 개가 사람을 물어도 뉴스라고 생각하는데? 예전에 아이돌 멤버가 키우는 강아지가 이웃 주민을 물어서 목숨을 잃게 한 사건으로 난리였잖아.

이모 맞아. 지금은 시대가 바뀌어서 개가 사람을 물어도 뉴스가 돼. 일단 네가 말한 건 유명인이 관련된 사건이니까 더욱 화제가 됐고. 요즘은 반려 인구 천만 명 시대가 되어 도심에서

키우는 반려견이 많아지면서 개 물림 사건이 늘어났지. 그
래서 사회적 문제가 됐어.

지서 시대에 따라 뉴스 가치가 달라지네. 기사를 볼 때 '이건 왜
기사가 됐을까?' 하고 머릿속으로 한번 게이트키핑 과정을
거꾸로 추적해 보는 것도 재밌을 것 같아. 게임 퀘스트 깨는
것처럼.

이모 오, 좋아. 의심하는 태도에다 이젠 적극적이기까지!

매체마다 좋아하는 뉴스가 다르다고?

이모 참고로 하나만 더 알려줄게. 뉴스 가치가 있다고 판단되더
라도 어떤 언론 매체인지에 따라서 선호도가 조금씩 달라
지는 경향이 있어. 어떤 기사를 싣고 안 싣고는 그게 방송인
지, 신문인지, 인터넷인지에 따라서 약간씩 달라질 수 있다
는 말이야.

지서 어떻게?

이모 방송은 영상으로 직접 보여지는 매체잖아. 그래서 사건 사

고를 생생하게 전달하는 면에서 가장 강하지. 멀리 있어도 영상으로 보면 어떤 상황인지 잘 전달할 수 있어. 우리가 큰 사고 소식을 접할 때 가장 먼저 TV 뉴스를 틀어 보잖아. 생생하고 강력한 이미지와 함께 이해하기 쉽게 뉴스를 알려 주기 때문에 대중성이 가장 높지.

지서 그럼 신문은?

이모 신문은 최종적으로 종이에 기사를 인쇄해서 우리 손에 전달해. 아침에 받아 보는 건 '아침 조(朝)'를 써서 조간신문이라고 하고, 오후에 받아 보는 신문은 '저녁 석(夕)'을 써서 석간신문이라고 해. 우리나라 신문들은 대부분 그날의 기사를 밤늦게 인쇄해서 다음 날 아침에 받아 볼 수 있는 형태의 조간신문이야. 신문은 방송 기사보다 더 긴 분량의 기사를 쓸 수 있어서 심층적이고 분석적으로 이슈를 다룰 수 있다는 장점이 있어.

지서 그런데 인터넷에도 무슨 신문, 무슨 일보라고 돼 있는 기사들도 있던데?

이모 맞아. 지금은 대부분 인터넷으로 기사를 보잖아? 원래 신문사는 종이로 하루에 한 번만 기사를 쓰면 됐지만, 이제 신문사들도 온라인 기사를 낮에도 써. 우리는 그걸 포털사이트에서 읽는 거고.

지서 TV에서도 계속 뉴스가 나오던데?

이모 2011년에 종합편성채널이 여러 개 생기면서 사람들은 저녁

8시나 9시 뉴스를 기다리는 게 아니라 거의 종일 뉴스를 볼

수 있게 됐어. 종합편성채널은 상대적으로 시사 이슈 비평

기능에 더 많은 시간을 할애하고 있는 편이야. 정치 뉴스의

비중이 꽤 높지.

지서 어른들은 질리지도 않나 봐. 맨날 정치인들이 싸우는 얘기가.

이모 그러게 말이다. 언론 매체 중에 신문, TV 말고 통신사라는

매체도 있어. 언론사가 모든 분야에 기자를 보내기는 현실

적으로 어렵거든. 그래서 연합뉴스 같은 통신사의 기사를

일차적으로 제공받기도 해. 통신사들은 기사 마감 시간이

없고, 기사 분량도 비교적 자유로워서 언제든지 빠르게 기

사를 올릴 수 있어.

지서 언론사 종류도 참 많다.

이모 2022년 기준, 우리나라 언론사 수만 해도 2만 4,000개가 넘

어.* 이 언론사들이 하루에 보도하는 기사의 수가 엄청 많

겠지? 그래서 지금 이 시대를 가리켜 '뉴스의 홍수' 속에 살

• 문화체육관광부 정기간행물 등록관리시스템(2022년 6월 기준)

미국연합통신(AP, Associated Press)은 미국 뉴욕에 있는 다국적 비영리 통신사다. 미국에서 가장 오래된 최대 통신사로, 1846년에 설립되었으며 오늘날 전 세계에 약 243개의 지국이 있고, 121개국에서 기자들이 활동하고 있다(출처: 위키피디아).

고 있다고 해. 홍수 속에서 무사히 잘 살아남으려면 우리가 어디를 향해 가고 있는지 방향키를 잘 잡아야겠지? 뉴스가 되는 기준에, 언론 매체별 특징까지 알았으니 도움이 좀 될 거야.

더 알 고 보 니

엠바고와 오프 더 레코드, 꼭 지켜야 할까?

취재를 하다 보면 기사를 쓰고 싶어도 그럴 수 없는 상황들이 가끔씩 생긴단다. 대표적으로 '엠바고(embargo)'가 있어. 영 생소한 단어지?

엠바고의 본래 뜻은 '상업용 선박이 자기 나라의 항구에 드나드는 것을 금지하도록 법으로 명령하는 것'을 가리키지만, 언론계에서는 전혀 다르게 쓰여. '어떤 기사의 보도를 일정 시간까지 늦추는 일'이란 뜻이야. 줄여서 '보도 유예', 즉 취재를 모두 마치고 보도 단계에서 멈춰 서서 어떤 시점까지 기다리는 거야. 다른 언론사에서 터트리기 전에 먼저 보도를 하는 게 당연한 일인데, 도대체 왜 기다린다는 걸까?

전쟁 중에 수백 명의 기자들이 엠바고를 철저하게 지킨 유명한 일화가 있어. 2차 세계 대전이 벌어지던 1944년 6월 6일 새벽, 연합군의 '노르망디 상륙 작전'이 시작됐어. 언론사들은 이 작전에 대해 이미 알고 있었지. 정확한 날짜와 시간까지도 말이야.

보통 때라면 당연히 즉시 보도를 했을 거야. 하지만 이때는 작전이 개시되고 6분이 지나서야 보도를 했어. 언론사들이 알면서도 기다려 준 거지. 즉, 엠바고를 지킨 거야. 왜 그랬을까? 군사 작전이 시작되기 전에 보도가 되면 적군이 알게 되고 대비를 하겠지? 그럼 연합군이 승리했던 이 작전의 결과가 완전히 뒤바뀌었을지도 몰라.

우리나라에서도 정부 부처나 기업에서 엠바고를 먼저 요청하기도 해. 예를 들어, 우리나라 선원들이 외국 해상에서 해적에 납치를 당했을 때 외교부는 종종 엠바고를 걸어. 납치 사건이 언론에 보도가 되고 국민들에게 알려지면 빨리 구하라는 여론의 압박 때문에 납치범이 협상에 유리해지고, 반대로 정부는 시간에 쫓겨 요구를 들어줄 수

밖에 없는 상황이 되는 걸 우려해서야. 이밖에도 정부는 남북정상회담이나 한미정상회담 같은 뉴스 역시 양 국가의 상황을 판단해서 보도를 내보낼 적절한 시점을 엠바고로 정하는 경우가 많아.

참고로, 엠바고와 헷갈릴 수 있는 말로 '오프 더 레코드(Off the record)'가 있어. 우리말로 '비(非)보도 전제 발언'이라고 해석할 수 있겠다. 반대말은 온 더 레코드(On the record)가 되겠지만, 그 말은 거의 쓰이지 않아. 오프 더 레

코드의 상황 말고는 전부 다 온 더 레코드이기 때문이지. 오프 더 레코드 자리에서는 취재원과 기자 사이에 친밀하고 편한 대화를 나눌 수 있어. 취재원 측에서 먼저 "오프 더 레코드로 하는 말인데…."로 이야기를 꺼내고, 그 말을 듣는 기자 입장에서는 그 얘기를 당장은 기사로 쓰지 못하더라도 사건의 흐름을 짚는 데에 도움이 되는 정보와 배경 지식을 얻게 되지.

엠바고나 오프 더 레코드, 둘 다 사실 법적 구속력은 없어. 보도 관행일 뿐이야. 이걸 지킴으로써 얻게 될 득과 실을 따지는 것은 언론의 판단에 달려 있어. 위에서 예를 든 납치 사건 엠바고의 경우에도, 그럴 때 오히려 언론 보도로 국민들에게 알리고 정부의 대응을 투명하게 지켜보는 게 인질 구출에 더 도움이 된다는 반대 의견도 있단다. 기사를 쓰지 않는다는 전제로 이야기를 하는 오프 더 레코드도 마찬가지야. 기자에게 오프 더 레코드가 있는 것 자체가 말이 안 된다고 보기도 해. 어쨌든 하나의 기사가 시민들에게 전해지기까지는 보이지 않지만 여러 단계의 '문'이 있다는 걸 알겠지?

3

언론의 선택에는 반드시 책임이 따른다

언론은 수많은 선택을 하고 있어. 단어를 고르고, 제목을 정하고, 어떤 것에 초점을 맞춰서 쓸지에 대해서…등등. 기사 하나에 어떤 선택을 했는지를 거꾸로 거슬러 올라가다 보면 기사 속에 얼마나 많은 것들이 숨어 있는지 풍부하게 읽어낼 수 있을 거야. 그리고 그것을 선택한 것에 따른 사회적 책임도 느끼게 될 거야!

지서 이모, 저녁에 우리 뭐 먹어?

이모 뭐가 먹고 싶은데? 배달시킬까?

지서 엄마가 잘 안 시켜 주는 거! 피자랑 치킨? 로제 떡볶이도 먹고 싶고…. 아, 못 고르겠다. 나 완전 결정 장애인가 봐!

이모 잠깐만, 사랑하는 우리 조카님. 결정 장애란 말은 웬만하면 쓰지 말자. 재미있는 신조어처럼 쉽게 쓰이지만 실제로 장애를 가진 이들에게는 그 단어가 보이지 않는 폭력이 되고, 상처가 될 수 있으니까.

지서 아, 그런 생각은 한 번도 안 해 봤는데. 알았어. 그럼 지금부터 안 쓰겠음. 난 고르는 걸 잘 못함! 이라고 말할게.

이모 굿. 이모도 일하면서 종종 그런 실수를 해. 한번은 사회부 사무실에서 당직 근무를 하고 있는데 시청자의 전화를 받았어. 기사 제목에 문제가 있다는 거야. 그 시청자가 항의한 제목은 '국민이 낸 세금, 눈먼 돈처럼 줄줄 샜다'였어.

지서 그게 뭐 문제야?

이모 '눈먼 돈'은 주인 없는 돈이나 우연히 갖게 된 공돈을 뜻하는 관용구지만, 시각장애인에게 그런 비유는 상처가 될 수 있다는 거지. '주인 없는 돈' 정도로 바꿔 써야 맞아.

지서 아, 정말 그러네.

기사의 모든 단어는 선택의 결과야

이모 기사는 불특정 다수에게 영향을 미치기 때문에 단어를 쓸 때 주의해야 해. 기자는 팩트를 있는 그대로만 전달하면 되는 것처럼 보이지만, 실은 선택을 하는 직업이란다.

지서 기자가 하는 일이 글을 쓰는 거지, 왜 선택하는 거야?

이모 무수하게 많은 팩트 중에 뭘 쓸지, 어떤 단어로 그걸 표현할지 선택을 하는 일 말이야. 예를 들어 같은 숫자를 두고도 어떤 단어를 쓰냐에 따라 그걸 읽는 사람의 느낌이 달라지거든. 무의식중에 영향을 미치는 대표적인 것이 바로 기사 제목이야.

지서 아, 제목이 중요할 것 같긴 해. 사람들은 웬만한 기사는 제목만 보고 슥슥 넘기잖아? 기사를 처음부터 끝까지 자세히는 잘 안 읽는 것 같아. 국어 시험 지문도 아니니까.

이모 특히 '고작'이나 '겨우'처럼, 가치 판단이 들어간 단어를 제목에 쓰면 느낌이 완전히 달라지지. 한번 찾아볼까? (스마트폰으로 검색하며)오늘 자 기사를 보니까 새로 출범한 정부가 이전 정부가 운영해 온 '국민 청원'을 폐지하고 대신에 '국민

제안' 웹사이트를 운영하기로 했다는 기사가 있네. 언론사마다 이 주제의 기사 제목이 조금씩 달라. 한 신문사의 기사 제목을 볼까? "답변율 0.026% 불과 국민 청원 폐지하고 '국민 제안' 새로 운영"이라고 써 있네. 어때?

지서 답변율이 0.026%라고 하면 엄청 적은 거니까 폐지가 당연하고, 새로 바뀐 게 좋은 것처럼 느껴지는데.

이모 그렇지? 하지만 과연 그럴지는 기사와 팩트를 꼼꼼히 보면서 확인해야 해. 답변율이 왜 그렇게 적은지, 답변율이 높은 게 꼭 좋은 건지, 이전 제도와 새 제도와의 차이가 뭔지를 말이야.

지서 무슨 차이가 있는데?

이모 으그, 직접 찾아봐야지! 이모가 간단히 얘기해 줄게. 국민 청원 제도는 20만 명 이상 동의를 받은 청원에만 답을 하게 되어 있어서 답변율이 낮을 수밖에 없었어. 새로 나온 국민 제안 제도는 그런 기준을 삭제했으니까 답변율이 올라갈 수 있지. 그런데 기사를 보니까 이제는 청원을 할 때 실명을 꼭 밝혀야 하고, 비공개로 운영한다고 하네. 둘 중 어떤 운영 방식이 국민과 소통을 위해 더 적합할지는 사람마다 판단이 다를 수 있어.

지서 답변율이 저조한 걸 무조건 나쁘다고 할 수는 없는 거네.

이모 이렇게 기사 제목이란 게 핵심을 간결하게 전달하는 것 말고도 의도를 숨겨 놓은 경우가 많아.

지서 제목만 볼 게 아니라 내용도 꼼꼼히 잘 읽어 봐야겠네.

이모 맞아, 무비판적으로 읽으면, 제목을 읽는 순간 편견이 생겨 버리니까 말이야.

그 만두, 정말 쓰레기였을까?

이모 기사를 읽는 순간 사실 여부와 상관없이 강력한 편견과 이미지가 생기는 사례를 하나 들려줄게. 혹시 2004년에 일어난 '쓰레기 만두' 사건이라고 아니?

지서 아니. 우웩, 쓰레기 만두라니.

이모 만두 제조 중소기업 25곳이 단무지 공장에서 나온 자투리 무 조각으로 만두소를 채운 사실이 경찰 조사 결과 드러났어. 이 발표를 보고 언론은 '쓰레기 만두'라고 기사에 썼어.

지서 음식물 쓰레기로 만두를? 으악.

이모 다들 그런 반응이었어. 우리나라에 만두를 좋아하는 사람이 얼마나 많아? 이 기사가 나가자 만두 판매량이 바닥으로 곤두박질쳤어. 매출이 10분의 1로 줄었고, 반품이 쏟아지고 수출까지 막히면서 줄줄이 공장 문을 닫아야만 했지. 한 만두 제조업체 사장은 충격을 이기지 못하고 스스로 목숨을 끊기까지 했어.

지서 하아.

이모 그런데 쓰레기 만두라는 게 정말 진실이었을까?

지서 (얼굴 찌푸리며)그 정도로 심각하게 더러웠나 보지!

이모 그 무는 말이야, 단지 단무지로 만들기에 모양이 적합하지 않은 무들이었어. 만두 공장들은 그 자투리 무를 삶고 우려내고 탈수해서 세균을 없애는 공정까지 거쳐 재료로 사용했고, 품질 검사에서도 적합 판정을 받았어.

지서 뭐야, 쓰레기가 아니라 그냥 못난이 단무지일 뿐이었네?

이모 몇 달 뒤에 나온 식품의약품안전처와 지방자치단체 발표 역시 경찰이 발표한 것과 달랐어. 재료에 큰 문제가 없다는 결론이었어. 거의 모든 게 실제보다 부풀려졌다는 거야. 만두 업체 중 대부분은 결국 무혐의 판결을 받았어. 애초에 경찰의 잘못이 있긴 하지만, 언론이 경찰 발표에 한술 더 떠서 중소기업들을 천하의 나쁜 놈들로 몰아간 거지.

지서 헉, 무죄라니. 반전 충격. 언론들이 너무 심하게 과장했네. 완전 무책임하다!

이모 한번 사람들 머릿속에 각인된 인식은 쉽게 바뀌지 않으니까 언론사도 더 신중해야 해. 우리도 언론이 사건을 자극적으로 다루는 방식을 알면 조금 달리 보이겠지? 진행 중인 사건에 대한 보도를 접하면서 즉각적으로 분노를 쏟아내고, 그걸 또 자극적으로 편집하고, 짜깁기한 기사를 보며 같이 욕을 하기보다는 사건의 진상이 충분히 객관적으로 드러날 때까지는 관심을 갖고 지켜보는 자세가 필요한 거지.

지서 지켜본다고?

이모 응. 기사에 나온 자극적인 표현에 즉각 반응하기보다는 기사를 정확히 읽으려고 하고, 특히 불확실하거나 짜깁기된 기사는 주변에 공유하는 걸 자제하는 건 어떨까.

지서 자극적인 표현일수록 기사 공유는 신중하게, 천천히. 진실이 드러난 다음에. 오케이, 유념할게.

이모 후속 보도 기사를 찾아보는 것도 중요해. 잘못된 기사의 경우에 후속 정정 보도가 나오기도 하는데, 아주 작게 단신으로만 다뤄지는 경우가 많거든.

중요한 것을 골라내는 '어젠다 세팅'

지서 기사 주제에 대한 선택 문제도 정말 중요하지 않아?

이모 오, 맞아. 역시 내 조카다운 걸. 뉴스(news)란 단어가 North, East, West, South의 머리글자를 딴 말인 거 알아?

지서 몰랐어, 우와. 진짜야?

이모 하하, 농담이야. 어쨌든 뉴스는 동서남북 어느 곳이든 골고루 비추고 다뤄야 한다는 걸 강조하면서 나온 말이긴 해. 근데 진짜로 믿었어?

지서 (시무룩)어.

이모 하하, 농담이었는데, 속인 게 되었네. 미안. 암튼 동서남북 두루 언론이 비추면 좋겠지만, 현실은 그렇지 못하지. 언론은 지금 우리 사회에서 벌어지고 있는 사건 중에서 가장 중요하다고 생각하는 것들을 골라내.

지서 그래서 정치 뉴스가 제일 많나?

이모 언론이 정치 뉴스를 많이 보도하면, 대중들도 무의식중에 그게 가장 중요하다고 여기게 돼. 언론이 중요도를 정해 버린다는 거지. 어떤 사건을 모든 언론이 신문 1면에 싣고 뉴

스에서 하루 종일 이 사건을 다루면 어떻겠어? 사람들이 저
절로 관심을 가지고 반응을 하겠지. 하지만 언론이 침묵하
면 대부분의 사람들은 그런 일이 벌어지고 있는지도 모르
고 지나갈 거야.

지서 하긴, 언론을 통해서 세상을 보니까.

이모 이걸 쫌 어려운 말로 어젠다 세팅(agenda setting)이라고 해.

지서 이모, 좀 더 풀어서 쉽게 설명해 줘.

이모 '어젠다'는 우리말로 '의제'야.

지서 그것도 어려워. (한숨 쉬고) 잠깐 검색 찬스 좀 쓸게. 의제란
회의에서 의논할 문제. 그러니까 의제 설정이란 건 '의논할
거리(주제, 안건)를 새롭게 정한다', 이런 뜻이네?

이모 맞아. 중요한 게 무엇인지를 언론이 앞에 나서서 정하는 거
지. 예를 들어 보자. 언론에서 어느 시점부터 'MZ 세대'라는
단어를 많이 쓰고 있어. 세대론이나 세대 갈등 같은 이슈들
이 지금 우리 사회에서 중요하다고 언론이 판단해서 어젠
다 세팅을 하고 있는 거야. 대중은 기사에 반복적으로 노출
되면서 자연스레 그게 중요하다고 받아들이게 돼. 이런 기
사를 접하면서 '아, 요즘에 세대 갈등이 심각하구나' 하고 느
끼고 새로운 세대의 가치관을 궁금해 하며 소통하려는 노

력을 하지.

그런 점에서 언론의 어젠다 세팅은 정말 중요해. 우리 사회의 어젠다가 되기에 정말 꼭 필요한 것들이 아니면 불필요하게 갈등을 일으킬 수도 있고, 사회적 에너지 자체가 낭비될 수 있으니까 말이야.

지서 지금 이 시대에 뭐가 중요한지 언론은 판단을 잘 해야겠구나.

의도적으로 침묵하고 있는 걸까?

이모 MZ 세대 얘기가 나와서 말인데, 그걸 언론이 어젠다로 삼는 데에 숨은 의도가 있는 건 아닐까?

지서 숨은 의도라니, 그게 무슨 소리야? 음모론인가.

이모 이탈리아 소설가이자 철학자인 움베르토 에코는 "언론은 정작 입을 떼야 하는 다른 뉴스들에 침묵한다는 사실을 대중이 깨닫지 못하게 하기 위해서 의도적으로 대수롭지 않은 사건을 알리고 있다"라고 말했어.

지서 이모는 명언을 참 좋아하네. 암튼 에코란 사람은 언론에 비

판적이네? 진짜 중요한 걸 일부러 말하지 않고 있다는 지적
이잖아.

이모 그래. 우리가 어떤 이슈에 집중하고 있는 사이에 그것보다
중요하고 시급한 다른 이슈가 묻힐 수 있어. 그러니까 언론
은 뭐가 진짜 중요한 이슈인지를 잘 판단해야 해.

지서 판단할 때 편견이나 오류는 없을까?

이모 당연히 있지. 편견인지도 모르게 스며들어 있는 게 바로 편
견이니까. 그리고 사회 전체가 가진 편견들은 본인 스스로
알아차리기가 쉽지 않잖아. 그러다 보니 사회적으로 꼭 논
의되어야 하는 일이지만, 어젠다 세팅에서 선택되지 못하는
사건들이 있어.

지서 있는 줄도 모르는 일?

이모 응. 가령, 장애인 이동권 보장을 요구하는 전국장애인차별
철폐연대(전장연)의 지하철 탑승 시위가 언론을 뜨겁게 달군
적이 있었어. 장애인 이동권 예산을 요구하면서 도로를 점
거하고 지하철 승강장에서 집회를 했어. 이 시위가 20년 넘
게 계속되어 왔는데도, 출근 시간대와 겹치는 오전으로 시
위 시간을 앞당기기 전까지는 관심을 기울인 언론이 거의
없었지.

지서　20년? 혹시 지금 내가 잘 못 들은 건 아니겠지? 그 긴 시간 동안 투쟁했는데 왜 나는 몰랐던 거지? 그리고 왜 언론은 그동안 무관심했어?

이모　처음에는 시위가 기삿감이 됐겠지만, 계속 똑같은 일이 벌어지면서 관심이 떨어진 거지. 그리고 아마 장애인 이동권이라는 게 비장애인들에게는 남의 얘기처럼 멀게 느껴져서일 수도 있고.

지서 그러다 출근길에 시위를 하니까 갑자기 뉴스가 된 거구나!
사람들이 불편하다고 언론사에 폭탄처럼 제보를 했나?

이모 그 말도 맞아. 장애인 단체가 시위˚를 오후에서 출근 시간
대로 바꾸자 지하철 운행에 차질이 생겼지. 휠체어 탄 사람
들이 한 명씩 지하철에 천천히 올라타면서 차량 출발이 늦
어졌거든. 아침 출근 시간엔 일 분 일 초가 급한 직장인들은
불만이 컸지.

지서 등교 시간에 그렇게 늦는다고 생각해 보니까 화가 나는 게
이해가 돼. 늦으면 선생님한테 혼나잖아!

이모 그렇지. 당시 언론 기사도 대부분 시민 불편에만 초점을 맞
췄어. 이모는 장애인의 이동권 보장 요구가 오랫동안 이어
졌지만 여태 이뤄지지 못한 데에는 언론의 무관심이 컸다
고 생각해. 소외된 계층의 목소리나 사회적 약자들, 차별의
문제들을 언론이 외면하고 어젠다로 삼지 않으면 사회적
문제에서 완전히 제외되어 버리지.

지서 언론이 관심을 가졌다면 그렇게 오래 시위를 하지 않아도

˚ 2022년 12월 서울지방법원은 서울교통공사가 전장연을 상대로 낸 손해배상 청구 소송에
서 "출근길 시위로 열차 운행이 5분 넘게 지연될 때마다 전장연은 공사에 500만 원을 지급
하고, 공사는 2024년까지 전철역 19곳에 엘리베이터를 설치하라"라는 내용의 강제 조정안
을 양측에 보냈지만 입장차는 쉽게 좁혀지지 않고 있어(2023년 1월 기준).

됐을 텐데.

이모　사회적으로 힘없는 사람들이 마지막으로 문을 두드리고 호소할 수 있는 곳이 언론이야. 그러니까 그런 목소리에 더 귀를 기울여 들어야 하고.

지서　뉴스가 동서남북 골고루 비추지는 않네. 우리 십 대들 얘기도 언론에 별로 안 다뤄지잖아. 왕따 문제나 청소년 폭행 사건 같은 사건 기사만 가끔 나오고.

이모　청소년도 어른 중심 사회에서는 소수고 약자에 해당되지. 언론이라는 창에서 비춰지지 않고 소외되는 사람들이 있는지 뉴스를 만드는 사람도, 뉴스를 보는 사람들도 늘 생각해야 한단다.

영화 속
'두 얼굴의 언론'

인기를 끌었던 드라마 〈스물다섯 스물하나〉의 남자 주인
공은 기자였어. 기자나 피디 같은 언론인이 나오는 드라마
나 영화가 은근히 많아. 이유를 생각해 본 적 있어?

기자라는 직업은 뚜렷한 특성이 있어. 우리 사회 어느
분야에나 관심을 가지고 있고, 문제가 있다고 생각하면 위
험을 무릅쓰고 끈질기게 접근해. 평범한 직장인인 동시에
다이내믹한 사건을 맞닥뜨리는, 드라마틱한 인물이 될 수
있지. 용기와 정의감까지 갖고 있다면 권력자들의 비리를
밝혀내고 악을 응징하는 '평범한 히어로' 같은 느낌을 줘.

완전히 반대로, 매우 부패하고 속물스러운 기자 캐릭터

도 꽤 많아. 과장된 측면이 있지만, 권력에 빌붙거나 우리 사회의 부패한 단면을 상징적으로 보여 주는 모습으로 그려져. 오늘날 언론의 모습에 대한 사람들의 실망감, 배신감이 고스란히 투영되었다고 보면 돼.

그 결과, 영화나 드라마에서 '정의의 수호자' vs '뻔뻔한 비양심'처럼 양극단의 기자 캐릭터를 그려내고 있지. 극과 극인 언론인의 모습이 잘 담긴 영화 몇 편을 소개할게. 선택의 기로에 선 언론인이 과연 어느 쪽을 선택하는지, 그 이유는 뭔지, 마지막까지 따라가다 보면 시간이 '순삭'될 거야.

〈스포트라이트〉 (2015년)

보스턴 교구 가톨릭 성직자들의 아동 성범죄와 이를 은폐해 온 가톨릭 교구를 고발하는 내용으로, 실화에 바탕을 둔 영화야. 지역 언론사인 〈보스턴 글로브〉 스포트라이트 팀을 따라가다 보면 어떻게 심층 취재가 이뤄지는지, 기자들이 어떤 고민 끝에 결정을 하는지 실감나게 알 수가 있어.

〈모두가 대통령의 사람들〉(1976년)

미국 워터게이트 사건을 다룬 고전 영화야. 당시 이 사건을 취재한 두 기자가 쓴 《워터게이트》란 책이 있긴 하지만, 벽돌처럼 두껍거든? 그러니까 시간이 없으면 이 영화를 봐도 괜찮을 것 같아. 영화 시작과 마지막에 등장하는 타자기 소리가 인상적인데, 마치 권력을 향해 쏘는 총소리처럼 들리더라.

〈특종: 량첸 살인기〉(2015년)

해고 위기에 처한 기자가 우연히 제보를 받아 일생일대의 특종을 터트리지만, 이 특종이 사상 초유의 실수란 것을 알게 돼. 하지만 이미 상황은 벌어졌고, 결코 되돌릴 수 없어. 극한으로 치닫는 기자의 상황을 쫓아가다 보면 손에 땀을 쥐게 될 걸?

〈프랑스〉(2021년)

여자 주인공 프랑스는 프랑스의 24시간 뉴스 채널의 간판 스타야. 우리나라로 치면 한국에 사는 김한국 기자가 되겠네. 잘 나가던 그녀가 한순간에 명성이 무너지고 궁지에 몰리게 되면서, 그녀가 내린 어떤 결정들로 인해 벌어지는 일들을 그린 영화야. 진실과 허구의 양면성을 지닌 미디어를 풍자하고 있어.

〈신문기자〉 (2019년)

실제 일본의 정치 스캔들을 모티브로 한 영화야. 일본의 유명 배우들이 반(反)정부 이미지가 붙는 것을 꺼려서 다들 출연을 하지 않으려 했고, 결국 우리나라 배우 심은경이 주인공 기자 역을 맡았어.

〈더 포스트〉 (2017년)

미국 워싱턴포스트 신문사가 미국의 베트남 전쟁 개입이 잘못됐다는 기밀문서인 〈펜타곤 보고서〉를 입수해 보도하기까지의 실화를 바탕으로 한 영화야. 권력의 회유와 억압에도 언론 자유를 지켜 나가는 장면이 인상적인데, 종이 신문이 발행되는 과정과 편집장과 발행인 같은 신문사 조직 전체의 모습이 잘 그려져 있어.

4

국민의 알 권리, 어디서부터 어디까지?

언론의 자유는 국민의 알 권리를 보장하기 위해서 필요해. 국민들이 알 필요가 있다고 판단한 정보를 국민을 대신해서 언론이 수집(취재)하고 보도하지.

하지만 그렇다고 해서 언론의 자유가 무한정 허용되지는 않아. 국민의 알 권리를 위해 보장되는 언론의 자유는 도대체 어디서부터 어디까지일지 함께 생각해 보자.

이모　어서 와! 오는 데 안 힘들었어?

지서　어. 지하철로 왔는데 뭘. 유튜브로 〈그것이 알고 싶다〉 레전드 회차 영상 봤더니 시간이 금방 갔지. 근데 그런 프로그램을 보면 피디들이 막 몰래 찍잖아. 어두운 데 들어가서 사람들이 하는 말도 녹음하고 그러던데. 그렇게 찍다가 걸릴 것 같아서 보는 내가 다 쫄깃. 이모도 뉴스 만들 때 그런 일 해?

이모　응, 사회부 기자 때.

지서　나 같은 일반인이 찍으면 범죄잖아. 근데 왜 기자나 피디는 괜찮아?

이모　언론이 몰래 촬영과 녹음을 하는 건 신분을 숨기고 현장의 생생한 순간을 담기 위해서야. 시민들에게 알려야 할 불법성을 보도해서 공익적인 효과가 있다고 생각했을 때만이지. 위장 취업을 해야 하거나 내부자가 아니면 알기 힘든 것들을 직접 시청자에게 보여 주는 효과가 있어. 취재의 불법성에도 불구하고 몰래 촬영을 하는 건 언론 기능 중에 '환경 감시'라는 중요한 기능이 있기 때문이야.

지서　이건 딱 알겠다. 환경 보호를 위해서 감시해야 한다!

이모　(웃으며)땡이다, 땡! 이때 말하는 환경은 자연이 아니라 우리가 살고 있는 이 사회를 말해. 사회에서 권력층이 부패를 저

지르거나 민주주의에 위배되는 일이 발생했을 때 언론이
이를 감시하고 알려야 한다는 거야. 국민 개개인이 이 사회
에서 무슨 일이 일어났는지 감시할 수는 없으니까, '국민의
알 권리'를 위해서 언론이 국민의 대리자 역할을 하는 한에
서만 제한적으로 허용되는 거지.

알 권리, 그게 뭔데?

지서 국민의 알 권리라고? 기사를 검색해 볼까. '시장 후보 토론
회 불참, 유권자의 알 권리 무시', '형사 사건 공개 금지는 국
민의 알 권리 침해' 등등 엄청 많네.

이모 고등학교에 가면 알 권리에 대해 자세히 배울 기회가 있을
거야. 알 권리란 말 그대로 국민들이 우리 사회에 대한 정보
를 자유롭게 알 수 있는 권리를 뜻해. 국민의 알 권리를 보
장하기 위해서 언론은 우리 사회 구성원들이 꼭 알아야 할
필요가 있다고 판단되는 정보들을 취재해서 보도해. 정부가
언론의 자율성을 침해하면 안 되는 이유도 바로 언론의 자

유가 국민의 알 권리를 위해 반드시 보장받아야 하는 필수 요소이기 때문이야. 언론이 위축되면 국민들이 알아야 하는 정보들이 제대로 전달될 수가 없겠지?

지서 그러면 알 권리가 있으니까 불법 촬영 같은 게 다 허용돼?

이모 그건 절대 아냐. 언론 취재로 얻게 되는 공익과 사생활 침해 등을 사안 별로 따져 봐야 할 때가 많아. 이 두 가지 가치가 충돌하고, 어느 쪽을 옹호해야 할지 논란이 되는 사례는 많단다. 지난 20대 대통령 선거를 앞두고 한 후보자의 부인이 언론사 기자와 여러 차례 통화했고, 그 통화 녹취를 입수한 방송사가 이를 보도하느냐 마느냐를 두고 정치적으로 크게 논란이 된 적이 있었어. 녹취 내용을 공개하는 것은 개인의 사생활 침해라는 주장과 국민의 알 권리니까 공개해야 한다는 주장이 충돌했어. 조카님 생각은 어때?

지서 녹취가 되고 있는지도 모르고 편하게 얘기했을 거 아냐. 만약 내 친구가 나랑 했던 얘기를 녹음해서 다른 애들한테 공개한다고 하면 최악일 것 같은데?

이모 법원은 사생활 내용만 빼고 녹취 대부분을 공개해도 된다고 했어. 그 녹취로 평소 언론관과 정치관, 권력관을 엿볼 수 있기 때문에 국민의 공적 관심사이자 검증 대상에 해당한다는 게 그 이유였어.

지서 아, 사생활보다 알 권리가 이겼네.

이모 흥미로운 건, 당시 라이벌이었던 대통령 후보 쪽에서도 비슷한 일이 있었어.

지서 또?

이모 이번엔 후보자 가족 사이의 갈등을 다룬 책의 판매를 금지해달라는 신청이었어. 그것 역시 '사생활'이란 주장과 '국민의 알 권리'란 두 주장이 충돌했지.

지서 결말은?

이모 이번에도 알 권리가 우선했어. 법원은 "공직자는 항상 국민의 감시와 비판의 대상이 되어야 한다"면서 국민의 알 권리를 보장할 필요성을 강조했어. 양쪽이 자기 측에 불리할 것 같은 내용을 '사생활'이라며 막으려고 했지만 '국민의 알 권리'를 이유로 똑같이 거절당한 게, 마치 데칼코마니 같지?

개인의 사생활 vs 국민의 알 권리

지서 그럼 연예인 사생활 기사들도 국민의 알 권리 때문에 나오
는 거야? 열애설이 나오고, 누구랑 해외여행을 갔다, SNS에
게시물을 올렸다가 사라졌다, 이런 기사들이 뜨던데.

이모 지서야, 대한민국 헌법 제17조를 검색해 볼래?

지서 잠깐 기다려 봐. 대한민국 헌법 제17조. '모든 국민은 사생활
의 비밀과 자유를 침해받지 아니한다'라고 써 있어. 근데 연
예인도 당연히 국민의 한 사람이잖아! 그런데 막 그런 기사
를 써도 되는 거야? 이것도 알 권리야?

이모 아까 정치인들 사례를 보면 국민이 알아야 할 공인 신분의
기준에 달려 있겠지. 공인의 경우에 그 사생활 침해 범위가
좁아질 수 있거든.

지서 공인이 뭔데?

이모 국어사전 정의는 간단해. 공적인 일에 종사하는 사람. 여기
서 말하는 공적인 일은 국가의 일에 관여하는 고위 관료나
정치인을 이르는 말이겠지. 그럼 연예인은 공적인 일에 종
사하는 사람일까? 아니지. 유명인 정도가 맞을 것 같아.

지서 그럼 연예인도 사생활을 보호받아야 하는 거 아니야?

이모 맞아, 그런데도 국민의 알 권리를 들먹이며 자신들의 특권 인양 악용하는 언론들이 많아. 연예계 뉴스는 조회 수로 봤을 때 가장 주목도가 높고, 사람들의 관심이 뜨겁지. 기사 클릭 수는 광고 수익과 연관이 되어 있고. 그래서 언론사들이 어뷰징 기사를 마구 찍어내다보니 제대로 팩트 체크도 안 된 기사들이 한꺼번에 쏟아지고 있어. 아참, 어뷰징(abusing)이 뭐냐면….

지서 스톱, 나 어뷰징 들어 본 적 있어! 아이돌 가수의 신곡이 나오면 인기 차트에 넣으려고 듣지도 않으면서 계속 스트리밍 돌리는 걸 보고 어뷰징한다고 해. 케이팝 기사를 보다가 그 단어가 나와서 일부러 뜻을 찾아 본 적 있어서 알아.

이모 오, 맞아. 관심을 끌 만한 게 있으면 제목과 내용 일부만 살짝 바꿔 어뷰징 기사로 올려. 연예계는 그런 어뷰징 기사가 쏟아지는 대표적인 분야고. 국민의 알 권리라는 걸 방패 삼아 언론이 개인의 사생활을 침해하고 있지.

지서 화가 다 나네. 국민의 알 권리를 언론이 자신들의 특권인 양 쓰면 절대로 안 되지.

이모 일단 개인의 사생활이 침해되는 기사에 대해서 개별적인

소송이 이뤄지고 있는데, 법적으로 더 강한 처벌이 필요할 것 같아. 뉴스를 소비하는 우리도 더 이상 그런 기사를 보지 않고 적극적으로 반대 의사를 표현하면 언론사들도 달라질 거야. 구조적으로 포털 사이트가 해야 할 역할도 있어. 그동

안 포털은 표현의 자유라는 핑계를 대고 이런 어뷰징 기사들을 노출시키고, 악플을 달도록 방치한 측면이 있거든.

초상권 문제와 범죄자 언론 신상 공개

이모 알 권리와 개인의 사생활 사이에서 정치인과 연예인의 경우를 생각해 봤는데, 그렇다면 범죄자들의 경우라면 어떨까? 체포된 살인범이 경찰서 앞에서 기자들과 카메라에 둘러싸여 질문을 받는 장면을 TV에서 본 적 있지?

지서 어. 요란하게 카메라 셔터가 터지고, 기자들이 마이크를 들이밀고 "왜 그랬습니까?" "피해자들에게 죄송한 마음이 있긴 한 겁니까?" "유가족들에게는 할 말이 있습니까?" 이런 질문들을 쏟아내더라고. 이럴 땐 기자들이 좀 멋있어. 나쁜 놈을 혼내는 느낌이야.

이모 일단 우리 조카님이 초상권에 대해서 알면 좋겠다. 초상권은 초상, 즉 얼굴과 자기 모습에 대해서 갖는 인격적·재산적 이익을 말하는데, 자기 자신이란 걸 알 수 있는 신체적

특징에 대해 함부로 촬영돼 공표되지 아니하며 광고 등에
영리적으로 이용되지 않는 법적 보장을 말해.

지서 초상권이야 많이 들어 봤지.

이모 초상권은 범죄자에게도 마찬가지로 적용돼. 인권 보호 수사
준칙 제66조 3항을 보면 '피의자 등 사건 관계인이 원하지
않는 경우에는 언론 기관이나 그 밖의 제3자와 면담 등 접
촉을 하게 하여서는 아니된다'라고 되어 있어.

지서 어, 이상하다? 근데 가끔 범죄자 얼굴이 공개되기도 하던
데? 뉴스에서 본 적 있어.

이모 원칙적으로 안 된다는 거고, 강력 범죄나 성폭력 범죄를 저
지른 피의자에 한해 재범 방지와 범죄 예방 차원에서 제한
적으로 인정하고 있어.

지서 전부 공개가 아니라니. 흉악 범죄자들 초상권까지 우리가
지켜 줘야 하는 거야? (주먹 쥐며) 화가 나.

이모 국가마다 판단이 다르기도 해. 머그샷이라고 들어 본 적 있
어? 머그샷은 키가 몇 센티미터인지 알 수 있도록 줄이 쳐
진 벽 앞에서 범인 얼굴을 촬영한 사진을 이르는 말이야. 우
리말로는 '피의자 식별용 얼굴 사진' 정도로 하면 되겠다. 미
국은 혐의가 확실하고 범죄 증거가 있거나 경찰·검찰에 검

거되거나 법원 재판이 있을 경우에는 이렇게 얼굴과 이름
을 모두 공개하고 있어.

지서 그래서 미국 현지 언론과는 다르게 우리나라 언론사들은
얼굴을 뿌옇게 가리는구나.

이모 응. 우리나라 법원에서는 범죄 내용을 보도하는 것은 공공성
이 있지만, 범죄 피의자의 이름과 얼굴 등 신원을 자세히 보
도하는 것은 범죄 피의자가 공적인 인물이 아닌 이상 공공성
이 없다고 판결했어. 만약 모자이크 처리를 했는데도 범죄
피의자가 누군지 그의 주변 사람이 알아챌 수 있도록 보도하

면 언론사 잘못이라는 언론중재위원회˚의 결정도 있었어.

지서　당연히 공개를 해야 될 것 같아. 그래야 범죄자들도 자기 얼굴이 알려지니까 무서워하고, 범죄를 덜 저지르지 않을까?

이모　조카님은 범죄 예방 효과를 기대하는 쪽이구나. 물론 예방 효과가 확실하면 좋겠지만, 분노를 해소하는 수준에 그치지 않을까. 범죄자 신상이 언론에 공개되어도 그 사람을 욕하고 비난하는 데에 초점을 맞추는 게 과연 범죄 예방에 효과가 있을까 의문이야. 언론 역시 그 사람의 인상 묘사나 태도, 신변을 털기보다는 범죄를 막는 근본적인 대안이나 제도의 허점 등을 제시하는 보도에 초점을 맞추는 게 좋겠지.

지서　그렇구나. 범죄자라고 해서 국민의 알 권리라는 이유로 모든 것이 허용되지는 않네.

이모　뉴스의 기준은 많은 사람들에게 중요한 정보여야 하는데, 그 '공공성'의 기준이 사안별로 다르게 적용되는 거야. 지금은 이런 기준이지만 앞으로 사회 분위기와 가치관이 변하면서 기준이 달라질 수도 있겠지.

˚ 언론 보도로 생긴 분쟁을 해결하기 위해 1981년에 생긴 준사법적 독립 기구야. 언론사와 피해자 사이에서 필요한 경우 반론 보도, 정정 보도 및 손해배상 청구에 관한 사건을 접수해서 조정·중재하고, 언론 보도로 인한 침해 사항을 심의해 해당 언론사에 시정을 요구하기도 해.

어디까지가 '국민의 알 권리'일까?

이모 '국민의 알 권리' 차원에서 언론이 어디까지 취재하고 보도할 것인지에 대해서는 논의가 필요해. 가령, 자살 보도에도 기준이 있어. 자살의 사유와 그 과정이 사회적으로 의미가 있는 사안이고, 사회적으로 다뤄야만 하는 내용이라면 대중의 알 권리 차원에서 보도를 해야 할 필요도 있지. 물론 깊은 슬픔에 빠진 유가족 입장도 최대한 존중해야 해.

지서 나 같으면 가족의 슬픈 비극이 기사로 나가는 것 자체가 고통스러울 것 같아. 한 번 인터넷에 기사가 올라가면 평생 따라다니는 거잖아.

자살 사건 언론 보도 권고 기준 3.0

원칙❶ 제목에 '자살'이나 자살을 의미하는 표현 대신 '사망', '숨지다' 등의 표현을 사용한다.

원칙❷ 구체적인 자살 방법, 도구, 장소, 동기 등을 보도하지 않는다.

> **원칙❸** 자살과 관련된 사진이나 동영상은 모방 자살을 부추길
> 수 있으므로 유의해 사용한다.
> **원칙❹** 자살을 미화하거나 합리화하지 말고, 자살로 발생하는
> 부정적인 결과와 자살 예방 정보를 제공한다.
> **원칙❺** 자살 사건을 보도할 때는 고인의 인격과 유가족의 사생
> 활을 존중한다.
>
> ― 한국기자협회, 보건복지부, 한국생명존중희망재단

이모 사회적 의미가 있으면 보도를 할 순 있어. 사회의 사각지대
에 있는 사람들과 연관된 자살 사건이어서 조명이 필요한
경우에는, 언론이 보도를 하면 사회적으로 고민하고 분석해
서 제도를 만들고 더 나은 사회로 나아갈 수 있는 방향을 제
시해 주는 계기가 될 수도 있으니까. 독거노인의 쓸쓸한 죽
음이나 취준생이 홀로 고시원에서 사망한 사건 같은 경우
들이지.

지서 응, 나도 들어 본 적 있어.

이모 사실 언론이 처음부터 자살 보도에 대해서 이런 고민을 하
진 않았어. 다른 사건 사고 기사처럼 자세히 썼지. 그러다가

자살에 대한 자세한 방법을 기사에 담는 것이 자살을 고민
하는 사람들에게는 오히려 정보가 돼서 실제 행동으로 옮
기게 한다는 연구가 나오기 시작했고, 세계적으로 자살 보
도에 신중하게 됐어. 언론이 자살 보도 자제 및 자살의 구체
적인 방법에 대한 보도를 하지 않음으로써 자살률을 낮추
는 효과를 '파파게노 효과[*]'라고 해.

지서 무조건 보도를 하는 것이 아니라 그 사건이 사회적으로 알
릴 만한 가치가 있는지, 없는지가 기준이 되겠네.

이모 알 권리라고 무조건 보장되는 것이 아니기 때문에 개인의
사생활과 충돌하는 사안이라면 파급력을 생각해서 신중히
보도를 하고, 그 기사로 우리 사회가 더 나아질 수 있을지
공공성을 잘 따져 봐야 해.

---

[*] 모차르트 오페라 〈마술피리〉의 등장인물 파파게노(Papageno)는 연인이 죽자 뒤따라 스스
로 목숨을 끊으려고 해. 그 순간 요정의 도움으로 죽음의 유혹을 물리치지. 언론이 요정처
럼 희망과 용기를 주는 역할을 해야 한다는 거야.

더 알 고 보 니

공공을 위해
용기를 낸 사람,
제보자

국민의 알 권리를 위해 언론사 기자들이 사회 각 분야에
서 발로 뛰며 취재를 하지만 모든 영역을 깊이, 낱낱이 알
기는 힘들어. 그럴 때 결정적인 제보의 도움으로 세상에
드러나는 일들이 아주 많단다. 취재로는 닿기 힘든 내부
정보들을 알려주기도 하지. 그런 사람들을 통틀어 '제보
자'라고 해. 배우 박해일, 유연석 주연의 영화 〈제보자〉의
영어 제목은 〈The whistle-blower〉야. 어떤 일이 벌어졌
을 때 위험성을 알리기 위해서 "휘익, 휘익!" 경고하며 호
루라기(whistle)를 부는 사람(blower)이란 뜻이지.

　방송사와 신문사에는 하루에도 수십, 수백 건의 제보가

쏟아져. 자신의 억울한 사연을 꾹꾹 눌러 쓴 수십 장의 편지를 가지고 직접 언론사로 찾아오는 어르신들도 있고, 인터넷 제보 게시판에 글과 사진, 동영상을 남기는 사람들도 있어. 기사 맨 아래쪽에 있는 기자 이메일 주소로 직접 제보를 하기도 하고, 물어물어 기자 개인 휴대폰으로 연락하는 사람들도 심심찮게 있단다. 모두 언론의 문을 간절하게 두드리는 제보자들이지.

전문적이고 깊이 있는 정보만 제보로써 의미가 있는 건 아냐. 요새는 동영상 제보의 힘도 엄청나. 생생한 화면을 보여 주기 때문에 백 마디 말보다도 효과가 있지. 고속도로에서 빗길에 10중 추돌 교통사고가 났다고 생각해 봐. 기자가 현장에 도착했을 때에는 이미 차가 치워져 있거나 교통 통제가 되고 있을 가능성이 높아. 그럴 때 현장에 있었던 사람들이 휴대전화로 동영상이나 사진을 찍어서 보내 주면 생생한 자료가 되지. 아니면 요즘에는 사고 목격자를 전화로 연결해서 생방송으로 현장 상황을 전달하기도 해.

우리 주변의 따뜻한 '미담' 뉴스들도 제보자 덕분에 드러나는 일이 참 많아. 폭우로 서울이 물난리를 겪은 적이 있었는데, 강남 일대 도로가 물에 잠기고 주택이 침수되어 아수라장이었지. 그날 우산도 없이 배수관을 막고 있는 종이컵, 담배꽁초 같은 쓰레기를 맨손으로 치운 한 시민을 찍은 사진이 SNS에 올라왔고, 기사로 나오면서 많은 사람들이 감동했단다.

제보자 중에서 극소수만 아는 예민한 정보를 제공하는 내부 고발자는 특히 자신의 일자리가 위협받거나 회사나 조직으로부터 더 큰 보복을 입을 수 있어. 양심에 따라 폭로를 했지만 심하면 생명까지 위협받기 때문에 기자는 제보자 신원 보호에 각별히 신경을 써야만 한단다.

그래서 기자들은 '취재원 비공개 원칙'을 지켜야 해. 우리나라에서는 2011년 '공익 신고자 보호법'이 만들어졌어. 공익 신고자 보호법에는 "제보의 공익성이 인정되면 신고 내용에 직무상 비밀이 포함되더라도 비밀 준수 의무를 위반하지 않은 것으로 본다"라고 돼 있어. 제보자를 법으로도 보호해 주는 거야. 더 나은 사회를 위해, 국민의 알 권리를 위해 어두운 곳에 빛을 비추어 진실을 드러나게 하는 제보는 큰 용기고 존경받을 만한 일이야.

5

우리를 속이는 걸까, 우리가 속는 걸까?

우리는 예전과 비교할 수 없을 정도로 엄청난 양의 정보를 누리며 살고 있지만, 정보 갈증은 더 커지고 정확하지 않은 정보들을 골라내는 데에 어려움을 겪고 있어. 그러다 보니 뉴스 때문에 입는 피해는 눈덩이처럼 커지고 있지. 더 이상 뉴스에 속지 않기 위해 이번엔 '프레임'에 대해 이야기해 보자.

이모 조카님, 인터넷에서 '수단의 굶주린 소녀'를 검색해 볼래?
유명한 사진이 하나 뜰 거야.

지서 어, 바로 나오네. 아프리카인가? 애기가 몸을 못 가누고 쓰
러져 있어. 머리보다 몸이 더 작을 정도로 너무 말랐잖아. 갈
비뼈가 보일 정도로 말이야. 잠깐, 지금 쓰러진 애기 옆에 있
는 저 독수리, 애를 잡아먹으려고 기다리고 있는 거야? 혹시
죽기를 기다리면서? 너무 충격이다.

이모 미국 사진 기자 케빈 카터가 1993년에 아프리카 수단에서
극심한 기아 참상을 직접 목격하고 찍은 사진이야. 미국 〈뉴
욕타임스〉 신문에 보도됐지.

지서 기근이 정말 심각하구나….

이모 네 반응처럼 당시 사람들도 이 사진을 보고 큰 충격을 받았
어. 동정 여론이 들끓었지. 아프리카 식량난을 알리는 데에
이 사진이 크게 기여했어. 수단 문제에 대한 국제 여론을 환
기시킨 덕분에 전에 없던 대규모 식량 원조가 이뤄졌어. 그
리고 케빈 카터는 이 사진으로 퓰리처상*을 받았어.

지서 아니……. 이모, 그게 중요한 게 아니라 저 애기는 어떻게 됐
어? 설마 독수리에게?

보이는 게 다는 아니야!

이모 응. 걱정하지 마. 사실 저 아이의 엄마가 아이를 병원에 데려
가던 도중 잠시 내려놓은 틈에 독수리가 앉았던 거였어. 사
진을 찍고 독수리를 쫓아냈다고 해.

지서 다행이야!

● 퓰리처상은 1917년에 미국 언론인 조지프 퓰리처의 유언에 따라 생긴 미국 최고 권위의 언
론상이야. 2022년에는 '우크라이나 언론인들'에 퓰리처 특별상을 수여해 화제가 되기도
했어.

이모　그런데 이 사진으로 유명해지고 큰 상까지 받은 케빈 카터 기자는 얼마 못 가 스스로 목숨을 끊었어.

지서　리즈 시절이었을 텐데, 갑자기 왜?

이모　카메라 셔터를 누르기에 앞서, 저 아이부터 바로 구했어야 되는 거 아니냐는 비판이 쏟아졌거든. 세상 사람들의 그런 비난에 힘들어하다가, 우울증과 경제적인 어려움까지 겹친 그는 스스로 목숨을 끊었어.

지서　안타깝다.

이모　어째서 사람들은 이 사진 한 장에 동정심을 갖기도 하고, 크게 분노하기도 했을까? 사진이나 영상은 그 하나 만으로 사람들의 머릿속에 강렬한 이미지를 남기기 때문이야. 이런 걸 '포토저널리즘'이라고 부르기도 해. 글 대신 사진이나 그림으로 사건의 핵심을 보여 주는 거지. 20세기 전설적인 사진 기자인 로버트 카파라고 들어 봤어?

지서　아니. 맨날 모른다고 해서 괜히 미안해지네.

이모　괜찮아. 로버트 카파는 용감하게 전쟁터를 누비며 생생한 사진을 찍은 것으로 유명해. 그가 1936년에 찍은 사진 한 장이 큰 화제가 됐어. 이 사진의 제목은 〈쓰러지는 병사〉야. 한 손에 총을 들고 있는 병사가 어디선가 날아온 총탄에 머리를 맞고 팔을 벌린 채 쓰러지는 순간을 포착한 사진이지.

지서 총을 맞는 딱 그 순간을 찍었다고? 충격적인데!

이모 이 사진 역시 당시 스페인 내전의 참상을 알리는 데 결정적
인 역할을 했어.

지서 맞아. 무슨 말인지 알 것 같아. 나도 관심이 없다가 뉴스에
나오는 우크라이나 전쟁 피난민 영상을 보고 기부를 하게
된 거니까.

이모 그래, 이렇게 언론은 사람들을 움직여서 행동하게 하는 힘
이 있지. 하지만 이 유명한 사진에도 비하인드 스토리가 있
어. 시간이 많이 흐르고 나서 조작설이 나왔거든. 사진에 찍
힌 장소와 날짜를 알아봤더니 이 지역 그 시기에 아무런 전
투도 없었다는 거야. 연출 사진이었다는 증언도 나왔어.

지서 뭐라고? 너무해!

이모 언론은 짧은 시간에, 또는 한정된 분량 안에 강렬한 메시지
를 주고 싶어 하고, 사람들이 이해할 수 있을 정도로 간략하
게 전달하고자 해. 그렇다 보니 실제 앞뒤 사정을 모두 담아
내지 못해. 압축하고, 생략하고, 순간을 포착하지. 그러는 과
정에서 사건이 실제보다 과장이 되는 경우도 종종 있지. 사
진이 모든 순간을 담지 못하는 것처럼 말이야.

지서 하긴 동영상 한 부분만 캡처해서 짤로 돌아다니는 것들도 많
은데, 원본 영상을 다 보면 전혀 다른 얘기인 경우도 많더라.

보이지 않아도 존재하는 틀, 프레임

이모 사진만 그러는 게 아냐. 글로 쓴 기사 역시 어느 진실의 한 부
분만을 포착해 보여 주는데, 그런 시각을 '프레임'이라고 해.

지서 프레임? 침대 매트리스랑 프레임, 할 때 그 프레임?

이모 맞아, 프레임(frame)은 말 그대로 틀이나 액자처럼 가장자리
를 둘러싼 걸 말해. 언론에서 말하는 프레임은 한 사건을 바
라보는 방식을 말하지. 사진이나 영화 찍을 때의 카메라 렌
즈 속 사각 틀을 생각하면 쉬워. 프레임에는 각도, 거리, 초
점, 색감, 조명 같은 것들이 영향을 주잖아. 프레임 안에 들
어온 대상은 비춰지지만, 프레임 바깥의 것은 없는 걸로 여
겨져. 뭐가 있는지 알 수 없지. 프레임 안에 들어오면 주목을
받고, 의미가 있는 것으로 받아들여져. 어떤 건 더 선명하게
확대하기도 하고, 삭제도 하고.

지서 일종의 왜곡이다.

이모 그래. 완전히 다르다고 할 순 없지만 조금씩 왜곡이 되지. 셀
피 찍을 때 나인 건 맞지만, 실제 나보다 더 뽀얗고 브이라
인이 되는 것처럼 말이야.

지서 (시무룩하게) 필터 없이 찍으면 갑자기 확 못생겨져.

이모 암튼, 이 프레임이라는 게 기사마다 녹아 있거든. 우리가 어
떤 사건에 대해 기사를 쓸 때, 모든 정보를 기사에 담을 순

없잖아. 그래서 중요하다고 생각하는 것, 의미가 있는 것을 골라 선택해서 전달하지. 그 과정에서 프레임이 생기는 거야. 독자들이나 시청자들은 언론이 만들어낸 프레임을 자연스럽게 받아들이고, 그 프레임과 똑같은 시선으로 바라보게 돼. 그러다 보니까 '프레임을 씌우다'라는 말이 생겼어.

지서 씌우다, 라고 하니까 안 좋은 느낌이 들어. '덫을 씌우다', '누명을 씌우다'처럼.

이모 맞아, 덫처럼 끼워 맞추는 느낌이지? 어떤 프레임을 씌우느냐에 따라 기사의 내용과 해석이 달라지니 말이야. 그런데 이 언론의 프레임은 침대 프레임처럼 눈에 딱 보이는 게 아니야, 잘 보이지가 않아.

지서 프레임은 잘 보이지 않는다?

이모 모든 기사는 진실을 밝히려는 자세를 갖고 있지만, 이 프레임을 씌우면 억울한 일들이 종종 생겨. 교실 안을 떠올려 봐. 똑같은 잘못을 해도 모범생 친구가 하면 그냥 넘어갈 수 있는 일인데, 사고를 많이 치던 친구가 잘못하면 담임쌤이 더 크게 꾸짖기도 하잖아. 선생님 자신도 모르는 사이에 모범생과 문제아라는 프레임을 가지고 학생들을 대하는 거지. 그러면 본래 잘못보다 더 크게 혼나는 일이 생기는 거야.

지서 억울할 것 같아.

이모 그래. 일상생활에서 그런 프레임은 고정관념이나 편견이라
고 말할 수 있지. 진실과 점점 동떨어져서 크게 왜곡된 프레
임으로 사건을 바라보고 있는데도 스스로 잘 알아차리지
못하면 우리는 쉽게 언론에 속을 수 있어.

지서 왜곡된 시선으로 세상을 바라보게 되겠네.

황우석 신화의 민낯: 진실 보도 vs 애국주의

이모 2005년에 우리나라를 발칵 뒤집어 놓은 큰 사건이 하나 있
었어. '황우석 논문 조작 사건'이라고, 들어 본 적 있어?

지서 나 태어나기 전에 있었던 일인데, 당연히 모르지. 그 사람이
누군데?

이모 당시 서울대학교 수의대 교수였어. 황우석 교수는 줄기세포
연구로 세계적인 주목을 받았지. 줄기세포(stem cell)가 뭐냐
면, 여러 종류의 신체 조직으로 발달할 수 있는 능력을 가진
세포야. 현대 의학으로 완치가 어려운 파킨슨병이나 척수

손상, 뇌졸중 같은 질병도 줄기세포를 이용해 손상된 신경 조직을 다시 만들어 낼 수만 있으면 완치도 가능하지. 황 교수는 특히 사람 난자를 이용해서 체세포를 복제하고 배아 줄기세포를 만드는 데에 성공했다고 발표했어. 복제 개, 복제 양도 언론에 공개했지.

지서　우와, 인간 복제라니!

이모　신기하지? 몸이 불편해 고통과 어려움을 겪는 장애인들은 황 교수를 유일한 희망으로 삼았어. 국민 영웅으로 떠올랐지. 그런데 한 방송사 시사 프로그램에 제보가 들어왔어. 황 교수의 연구팀 연구원이었는데, 연구팀 내 난자 제공에 윤리적 문제가 있다는 내용의 제보였어. 제작진이 취재해 보니, 신빙성이 충분한 제보였지.

지서　설마….

이모　의혹을 제기하는 방송이 나가고 나서 온 나라가 난리가 났어. 국민 영웅으로 불릴 만큼 황우석 교수의 대중적인 인기가 높다 보니, 의혹을 제기한 해당 프로그램을 폐지하라는 엄청난 비난이 쏟아졌지. 해당 방송국은 광고까지 다 막히고, 공공의 적이 됐어. 황 교수는 더 열성적인 지지를 받았고, 정부는 그의 실험을 위해 법까지 바꿔 주면서 물심양면

힘을 실어 줬어.

지서 잘못이 드러났는데도?

이모 응. 그런데 시사 프로그램 PD들이 취재를 더 해 보니까, 난
자 제공에 문제가 있는 것 뿐 아니라 복제에 성공했다는 그
배아줄기세포도 거짓이었어. 이 프로그램은 다섯 개의 줄기
세포 중 두 개가 환자 DNA와 일치하지 않는다는 검사 결과
를 추가로 보도했어. 황 교수와 해당 프로그램 사이에 공방
이 치열하게 오갔고, 결국 '줄기세포 바꿔치기'는 사실로 드
러났어. 논문이 조작된 거였지. 사실, 이런 황우석 신화는 언
론이 만든 측면이 컸단다. '국민 영웅'이라는 프레임을 씌운
기사를 마구 쏟아내는 동안에 과학적인 측면에서 냉정하게
살펴봐야 할 검증 과정에 소홀했던 거야.

지서 팩트 체크도 안 하고 기사 써도 되는 거야?

이모 언론이 제대로 기능하지 않으면 어떻게 되는지를 보여 주
는 사건이었어. 대국민 사기극이 가능한 데는 단순한 동조
뿐만 아니라 영웅 만들기에 앞장선 언론의 힘이 컸지. 이모
도 당시에 학생이었는데 지금까지 속았다는 사실에 큰 충
격을 받았어. 모두가 속았다는 것을 믿을 수가 없더라고. 기
자를 꿈꾸게 된 이유에 영향을 준 것 중 하나가 바로 이 사

건이야.

지서 그 줄기세포 기술이 성공해서 병이 낫기를 기다렸던 사람
들은 얼마나 허무했을까?

이모 나중에 밝혀졌는데, 몇몇 기자들은 이상한 점을 알면서도
기사로 쓰지 않았다고 해.

지서 욕 먹을까봐 그랬나.

이모 많은 언론들이 '애국주의 프레임'에 완전히 갇혀 있었던 거
지. 국민 영웅으로 떠받들어지고 있는데 그 대세를 거스를
용기가 나지 않았던 사람도 있었고, 설마 하는 마음으로 더

2006년 2월 20일, 서울대학교에서 황우석 지지 시위가 열렸다. 이후 서울대학교는 황우석 교수를
파면하고 논문 조작과 관련된 교수들을 정직 등 징계 처분했다(출처: 위키피디아).

깊이 취재하지 않았던 기자도 있었겠지. 이 사건으로 온 국민이 깨달았어. 언론이 제 기능을 못하고 왜곡된 프레임을 가지면 사회가 잘못된 방향으로 가면서 크나큰 비용을 치르게 된다는 걸 말이야.

지서 이모, 왜 사람들은 꼭 뒤늦게 깨닫는 걸까? 씁쓸하다.

프레임에 감쪽같이 속지 말자

이모 각 언론들이 어떤 프레임으로 한 사건을 보고 있는 건지 알아차릴 수 있다면, 다양한 관점이 존재한다는 것을 알아볼 수 있을 뿐 아니라 우리가 언론에 속는 피해를 훨씬 줄일 수 있을 거야.

지서 어떻게?

이모 여러 언론 매체를 비교해 보면 그 차이를 알 수 있어. 한국언론진흥재단이 운영하는 빅카인즈 홈페이지(www.bigkinds. or.kr)에 들어가 보면 뉴스 빅데이터 분석 서비스를 무료로 이용할 수 있어. 키워드를 검색 창에 입력하면 50개가 넘는 언론사 기사를 빠르게 비교할 수 있고, 최근 이슈도 한눈에 볼 수 있게 돼 있거든.

지서　일일이 비교까지 하는 건 너무 귀찮은데…. 그냥 처음부터 기자들이 진실을 보도하면 되는 거 아니야?

이모　프레임이 꼭 틀린 팩트를 말하는 건 아니야. 정확히 말하자면, 어떤 의도가 개입해서 본질을 가리는 것이지. 그건 애국주의일 수도 있고, 언론사의 성향일 수도 있고, 사회적 편견이 반영된 프레임일 수도 있어. 그래서 언론의 프레임이 정치적인 힘을 가지는 거야. '보이지 않게 조종하는 힘'이라고나 할까. 이모가 어젠다 세팅을 설명하면서 사례로 들었던 장애인 이동권 시위를 다시 생각해 볼까? 기억하고 있지?

지서　당연하지.

이모　'시민 불편 vs 장애인 시위' 구도로 기사를 쓰면, 그 소식을 접하는 사람들은 이 둘 사이에서 한쪽 편을 들어야겠다는 생각을 자연스럽게 하겠지. 그런데 이런 대결 구도는 진실을 가리게 될 수도 있어.

지서　어째서?

이모　표면적으로는 장애인들의 이동권 확보를 위한 시위지만, 꼭 장애인들만을 위한 시위일까? 국토교통부의 〈교통 약자 이

동 편의 실태조사 연구〉 보고서에 따르면, 2020년 기준 국
내 전체 교통 약자 인구는 약 1,540만 1,000명으로 총인구
대비 29.7퍼센트의 비율을 차지해. 고령자 16.4퍼센트, 어린
이 6.3퍼센트, 영유아 동반자 4.1퍼센트, 장애인 2.5퍼센트, 임
신부 0.5퍼센트였어. 사실 열 명 중 세 명은 교통 약자인 거지.

지서 이동권 문제가 사실 꼭 장애인만 해당되는 일은 아니구나.

이모 이모가 오스트리아의 수도인 빈에 취재를 간 적이 있어. 빈
은 삶의 질이 가장 높은 도시로 꼽히거든. 거기서 지자체장
을 취재했는데, 유모차를 끌고 다니는 여성과 휠체어를 탄
장애인, 노약자를 위해 도시의 불편 요소들을 없앴더니 결
국에는 시민 모두가 편리해지고 행복해졌다고 말하더라. 편
가를 필요없이 모두에게 이로운 복지 도시가 됐다는 거야.
우리와는 조금 다른 관점인 것 같지?

지서 언론의 프레임을 쫓아가서 그런가. 나도 둘 중에 하나를 택
해야 하는 이분법으로 이 시위를 보는 틀에 갇혀 버렸네.

이모 아인슈타인은 이런 말을 했어. "모두가 비슷한 생각을 한다
는 것은, 아무도 생각하고 있지 않다는 것이다." 모두가 같
은 프레임으로 바라보는 상황이 가장 위험한 것일지도 몰라.

양쪽 주장을 똑같이 듣는다고 공정할까?

Q. 언론은 원래 중립적이었을까?

A. 초기 신문은 그렇게 대중화되지 않았어. 경제적 여유가 있는 사람들만이 신문을 살 수 있었고, 관심 있게 기사를 읽고 토론하는 사람은 학식이 높은 극소수뿐이었지. 그래서 초기 신문은 그런 사람들을 대상으로 발행됐어. 특정한 정파나 이념을 가진 사람들의 목소리를 대변했지.

그러다가 신문이 대중화되면서 언론사는 더 많은 사람들에게 신문을 팔아야 했고, 기존처럼 한쪽 입장만을 전하고 그들의 의견만 내세우면 넓은 층의 독자를 끌어들일 수 없다는 것을 깨달았지. 마침내 오늘날 신문은 양쪽 입장을 아우르는 대중지로 탈바꿈하게 되었단다.

Q. 똑같이 반반씩 들어 주면 되는 거 아닌가?

A. 그런 걸 기계적 중립성 또는 양적 중립성이라고 해. 기사에서 분량을 똑같이 할애해서 써 주는 거지. 양쪽 입장을 50대 50으로. 이게 가장 공정할 것 같지만, 누구의 입장을 기사의 앞에 쓰느냐에 따라 사람들의 생각이 미묘하게 달라진다고 해.

   A 입장을 쓰고 나서 이에 반박하는 B 이야기를 나중에 넣으면 사람들은 B가 진실을 말하고 있다고 생각하는 경향이 있어. 완벽한 중립은 없다는 거지. 오히려 그런 기사의 기계적 중립이 불필요한 논리를 퍼뜨리거나, 정책은 사라지고 정쟁만 남게 되는 결과를 초래하기도 해.

Q. 왜곡하지 않기 위해서 말 그대로를 옮기면 되는 거 아닌가?

A. 인터넷에서 기사를 볼 때 누가 이런저런 말을 했다고 인용하면서 따옴표(" ") 위주로 쓴 기사들을 본 적이 있을

거야. 이런 걸 '따옴표 저널리즘'이라고 해. 그 주제를 기존에 관심을 갖고 지켜봐서 전후 맥락을 충분히 아는 사람들은 그런 조각 기사만 봐도 괜찮지만, 그렇지 않은 사람들은 진실이 뭔지 알기 어려워. 오히려 건전한 토론을 방해하지. 사람들이 하는 말 그대로만 보도하다보니 언론의 권력 감시 기능이 떨어지게 돼. 발언자 의도를 전체적인 맥락에서 짚어 주고 깊이 있게 살펴보는 기사가 필요해.

Q. 언론사 기사보다 지라시가 더 믿을 만하다?

A. 지라시라는 말 들어봤지? 보통 '찌라시'라고 발음하지. 미국 언론사 AP통신에서 실험을 했는데, 사람들은 소셜 미디어에서 뉴스를 볼 때 '어느 언론사인가' 보다 '누가 그 기사를 공유했나'에 더 영향을 받았다고 해. 언론사 명성이나 신뢰도와 관계없이 뉴스를 공유한 사람에 대한 신뢰도가 이 뉴스를 믿을지 말지를 정한다는 거지. 팩트가 확인되지 않은 지라시를 믿으면 가짜 뉴스의 피해자가 될 수 있어. 제대로 취재하지 않고 이런 지라시 수준의 허위 정보를 그대로 복사해서 보도하는 무책임한 기자들도 큰 문제야.

언론의 흑역사, 오보와 가짜 뉴스

바닥에 엎질러진 물은 주워 담을 수 없듯, 한번 잘못 보도된 기사는 누군가에겐 돌이킬 수 없는 피해를 줘. 언론의 실수는 사회에 혼란을 줄 수 있지. 오보를 반성하고 되돌아보지 않으면 언론은 똑같은 잘못을 되풀이하게 돼.

이번 장에서는 오보의 사례와 위험성을 돌아보고, 최근 들어 심각한 사회 문제로 대두되고 있는 가짜 뉴스에 대해서도 함께 고민해 보자.

> **한국인 여학생, 하버드·스탠퍼드 '동시 입학'**
> **학교는 두 곳 다녀 본 뒤 결정……저커버그 "만나자" 직**
> **접 전화도**
>
> — ○○일보, 2015년 6월 4일 자

이모 조카님, 왜 엄마 친구 아들딸들은 공부도 잘하고 말도 잘 듣는 걸까?

지서 이모, 웃으며 말하는 거 기분 나쁜데…. 지금 나 놀리는 거지? 엄친딸, 엄친아 이야기할거면 스톱해 줘.

이모 하하하, 미안. 이 기사를 한번 볼래? 미국에 사는 한 한국인 고등학생이 하버드 대학교, 스탠퍼드 대학교에 동시 합격했다는 기사야. 수재들만 간다는 대학 두 곳에서 서로 모셔 가려고 한다니, 정말 대단하지? 페이스북 창업자가 이 학생이 쓴 논문을 보고 감동받아서 직접 전화 통화까지 했다는 얘기도 기사에 있어.

지서 페이스북 창업자라면, 마크 저커버그? 대박!

이모 진짜 대박이지? 이 기사로 그 고등학생에게는 '천재 소녀'라는 수식어가 달리고, 화제의 인물이 됐어. 다른 언론들도 앞

다뤄 이 기사를 썼고. 교육열이라면 세계 최고인 한국 학부
모들도 이 아이가 어떤 교육을 받았는지에 대해 관심이 뜨
거웠어.

지서 어, 잠깐만. 이모가 이런 이야기를 꺼낼 때는 반전이 있다는
건데?

'엄친딸' 의 진실과 거짓

이모 오, 눈치 한번 빠르네. 해피엔딩이었다면 내가 이 얘기를 지
금 꺼내지도 않았겠지.

지서 혹시…, 부정 입학?

이모 그건 아니고. 알고 보니 하버드랑 스탠퍼드 대학교는 동시
합격이라는 입학 제도 자체가 없다는 거야. 합격 자체가 거
짓말이었지. 그 학생은 그동안 부모님까지 감쪽같이 속인
거였어. 엄마, 아빠는 딸의 말을 그대로 믿고 있었거든.

지서 헉, 그 거짓말이 기사까지 나고?

이모 지금 그 학생을 비난하려고 하는 게 아니야. 그 허위 발언을

검증 없이 그대로 베껴 쓰듯 보도한 언론에 문제가 있다는 얘기를 하고 싶어. 처음엔 이 아이는 단지 엄마 아빠에게 칭찬받고 싶은 마음으로 작은 거짓말을 하지 않았을까? 그러다가 일이 점점 커진 거겠지.

지서 합격했다는 대학교에 기자들이 그런 제도가 실제로 있는지 확인만 했어도 그런 기사를 막을 수 있었을 텐데, 너무한 걸.

이모 처음에는 다들 거짓말한 학생을 비난했지만, 나중에는 언론이 제대로 확인조차 안 한 것에 대해 비난의 화살이 쏟렸어. 이렇게 언론사에서 사실과 다르게 잘못 보도한 기사를 두고 '오보'라고 해. '그르칠 오(誤)' 자를 써서 말이야. 오버(over)하네, 의 오버 아니고.

지서 윽, 이모 개그에 내가 면역력이 생기고 있다는 게 분하다. 이모는 개그감만 떨어지는 거고 설마 오보를 쓰는 나쁜 기자는 아니겠지?

이모 그럴 리가. 언론의 역사와 오보의 역사는 늘 같이 한단다. 기사는 빠르고 정확하게 써야 하는데 신속하면서 동시에 정확하기란 쉬운 일이 아니야. 지난주에도 이모가 제보를 받아서 취재를 나갔는데 한 프랜차이즈 식당에서 밥에 쥐의 꼬리 조각 같은 게 나왔다는 거야.

지서 헉, 거기 어디야.

이모 특히 그 제보자의 아내가 임신한 상태여서 더 충격이 컸다
고 해. 처음엔 그 제보자가 다른 언론사에도 제보를 하면 어
쩌나 조급해졌지. 그런데 취재를 하다 보니까 블랙컨슈머*
가능성이 높아서 보도 직전 단계에서 기사로 내보내지 않
기로 했어.

지서 흠. 억울한 일이 생길 뻔 했네. 그런 기사 나가면 불매 운동
하고 난리잖아.

이모 다행이지. 오보는 당사자 개인이나 기업에 회복 불가능할
정도로 큰 피해를 주기도 하니까 말이야. 정확하지 않은, 어
떨 땐 정반대의 정보를 사실인 것처럼 보도하면 사람들이
현실에 대해서 잘못 생각하게 되고, 거기에 따라 의사 결정
도 잘못하게 돼.

---

* 악성을 뜻하는 블랙(black)과 소비자를 뜻하는 컨슈머(consumer)를 합친 말로, 악성 민원을
고의적, 상습적으로 제기하는 소비자를 뜻해. 예를 들면 물건을 오래 사용하다가 물건에 하
자가 있다고 환불이나 교환을 요구하거나 거짓 피해를 주장해 보상을 요구하는 소비자를
가리키는 말이야.

오보는 왜 나는 걸까

지서 그런데 기자들은 왜 오보를 내는 거지?

이모 여러 경우가 있지. 기자의 특종 욕심 때문에 충분히 검증되지 않은 기사를 내는 경우도 있어. 역사에 남을 정도의 대형 오보 사건을 이야기해 볼까. 한 신문사가 1945년 12월 27일 자 신문 1면에 "소련은 신탁 통치 주장, 미국은 즉시 독립 주장"이라는 제목의 기사를 냈어. 모스크바 삼상회의에서 미국이 조선의 독립을 주장한 반면, 소련은 조선을 다시 식민지로 만들려고 한다는 내용이었어. 이 기사로 나라가 발칵 뒤집어졌어. 여론은 사과 쪼개지듯이 찬탁과 반탁으로 완전히 쫙 갈라졌어. 하지만 이날 이 기사는 완벽한 오보였어.

지서 뭐?

이모 나중에 신탁 통치안을 제시한 쪽은 소련이 아니라 미국이었다는 기록이 공개됐거든. 이 오보는 미소공동위원회의 실패를 초래한 원인 중 하나로 꼽혀.

지서 정반대로 보도했다니 최악이다. 세월호 참사 때 '전원 구조'라고 오보를 낸 사건도 파급이 컸잖아. 그건 어떻게 된 거야?

이모 세월호 오보는 언론이 저지른 끔찍한 잘못이었고, 국민들이 언론을 불신하고 등을 돌리게 만드는 결정적인 사건이기도 했어. 기자를 비꼬는 표현인 '기레기'란 말이 이때부터 퍼졌어. 이 오보는 언론이 속보 취재 과정에서 정확한 시스템을 갖추지 못했다는 게 드러난 사건이었어. 팩트 체크와 게이트키핑 기능이 부실했던 거야. 세월호 기간 동안 끝까지 구조 현장을 지키며 사람들의 응원을 받은 언론사도 있었지만, 대부분의 언론에 크게 실망하고 반감을 갖게 되었지.

지서 이모가 썼던 기사 중에, 기억에 남는 오보는 뭐야?

이모 한 대기업에서 획기적인 관절염 치료제를 만들었다고 보도 자료를 냈어. 신약 개발 기사는 환자들에게 얼마나 반가운 소식이겠니. 그래서 크게 기사를 썼는데 말이야, 다음 해에 이 신약이 허위 자료를 제출해 허가를 받았다는 게 밝혀지면서 그 전에 기사를 쓴 기자들이 한꺼번에 오보를 쓴 처지가 되어 버렸지. 환자들의 가슴에 대못을 박는 오보였고, 해당 기업의 주가도 곤두박질쳤어.

지서 으이구, 일일이 확인을 해야지!

이모 네 말이 맞아. 그런데 전문적인 영역으로 갈수록 그 기업이 하는 설명만 듣고, 기업에서 받은 보도 자료만 보고 기사를 쓸 때가 있어. 인터넷이 발달하면서 기자가 하루에 써야 하는 기사의 양이 늘어난 데다, 속보 경쟁까지 일어나니까 기사 하나하나에 많은 시간을 할애하기 힘든 게 현실이야. 그래서 보도 자료에 의존해서 기사를 쓰게 되는데, 이런 걸 두고 언론이 생각 없이 '받아쓰기 한다'고 비난을 받아.

지서 무슨 초등학생들처럼 받아쓰기를 하고 그래.

이모 오보 중에는 이렇게 실수나 잘못이 아니라 고의성이 있는 것도 있어. '아님 말고 식'이지. 북한 관련 뉴스가 대표적이야. 북한 뉴스는 당사자인 북한이 반박하지 못하고 일일이 확인하기 어렵다는 점 때문에 일단 저지르고 보는 식으로 기사가 나가는 경우가 많지. 그래서 북한의 고위 인사가 처형당했다는 기사가 나왔는데 나중에 알고 보니 멀쩡히 살아있었던 적도 있어. 북한을 비판하고 독재 정권을 비난하는 것은 비록 팩트가 정확하지 않아도 크게 문제 삼을 사람이 없다는 생각이 깔려 있는 거야.

지서 언론의 신뢰에 금 가는 소리가 여기까지 들린다.

이모 부실한 취재와 부정확한 실수, 왜곡과 과장 등 다양한 사연이 있지만 어쨌든 오보는 결과적으로 뉴스 신뢰에 타격을 준다는 점에서는 같은 맥락이지.

오보보다 심각한 가짜 뉴스 문제

이모 레오나르도 디카프리오를 아니?

지서 당연하지. 미국 할리우드 영화배우잖아. 〈돈 룩 업〉 재밌게 봤어.

이모 러시아-우크라이나 전쟁이 터지고 나서 디카프리오가 우크라이나에 1,000만 달러(한화 약 121억 원)를 기부했다는 소식이 보도가 됐어. 그의 외할머니가 우크라이나 도시 오데사에서 태어났다는 개인적인 인연까지 기사에 함께 소개되었고. 우리나라를 포함해 많은 나라에서 국제 뉴스로 보도되면서 화제가 됐지.

지서 천만 달러라니, 역시 내 기부액이랑 스케일 자체가 다르네.

이모 근데 얼마 뒤, 가짜 뉴스라는 게 밝혀졌어. 디카프리오는 우크라이나 어디에도 가족이 없었어. 난민 기구 등에 기부를 했지만 액수도 다르고, 우크라이나 정부에 직접 기부를 한 것도 아니었지.

지서 우와, 황당해. 본인이 거짓말을 한 것도 아닐 테고, 우째 이런 일이?

이모　그 진원지를 추적해 봤더니 남미 국가인 가이아나의 잘 알려지지 않은 언론사 'GSA 뉴스'라는 곳에서 처음 이 뉴스를 내보냈다고 해. 이 언론사의 기자는 어느 우크라이나인이 올린 페이스북 게시물을 보고 기사를 만들었고. 언론사는 이 기사를 낸 당일에 정정 보도를 하긴 했어. 하지만 정정 보도 사실을 모른 채 '비세그라드24'라는 매체가 디카프리오 기부 소식을 트위터에 올렸고, 이를 1만 명이 리트윗하면서 급속도로 퍼져나갔지. 다른 언론사들이 이걸 또 보고, 보도하고, 더, 더 많은 곳에 퍼졌지. 우리나라 언론사도 보도했고.

지서　일반인이 올린 SNS 게시글 하나가 전 세계에 퍼졌다니.

이모　이걸 보면 가짜 뉴스가 확산되는 과정을 고스란히 알 수 있어. 가짜 뉴스는 사람들이 관심 있어 할 만 한 부분을 공략해. 디카프리오는 평소에도 사회적 이슈에 적극 참여하고 목소리를 내는 편이라서 가짜 뉴스가 오히려 진짜처럼 그럴듯해 보이기도 했어. 요즘 가짜 뉴스는 방식, 범위, 속도 면에서 엄청난 힘을 갖고 있어. 사진이나 영상 편집 기술을 쓰면 전문가도 구분하기 힘들 정도로 정교한 가짜 영상물이 뚝딱 나와. 예전에는 가짜 뉴스가 가까운 사람들에게만

영향을 끼쳤지만, 지금은 유튜브에 영상 하나를 올리면 전
세계 사람들이 보게 되지. 퍼지는 속도야, 말 안 해도 알지?

지서 단 몇 시간도 안 돼서 퍼지지.

이모 가짜 뉴스 문제가 더 심각해진 건 언론사들이 가짜 뉴스 확

산에 오히려 힘을 보태고 있기 때문이야. 조회 수와 구독자 수가 광고 수입으로 이어지는 언론 환경이다보니, 뉴스의 진실 여부와 관계없이 자극적이고 사람들의 호기심을 자극할 수만 있다면 거리낌 없이 보도를 하고 있어.

지서 음…. 이모 말을 들어 보니까 가짜와 진짜를 구별하기가 정말 어려울 것 같아. 이러다 결국엔 아무것도 못 믿게 되지 않을까?

이모 맞아. 가짜 뉴스의 가장 큰 폐해는 서로 신뢰할 수 없는 사회를 만든다는 거야. 각자 다른 생각을 가진 사람들이 함께 살아가는 사회를 만들려면 토론해서 의견을 교환하고, 설득하거나 설득당하면서 다른 사람의 생각을 알고 이해할 수도 있어야 하는데 점점 그런 과정이 없어지는 거지. 편 가르기가 심각해지고, 갈등이 커지기만 하는 거야. 이건 우리나라만의 현상은 아니고 전 세계적인 문제야. 합리적인 토론이 사라지고 있어. 자기 의견에 반대되는 기사를 "가짜 뉴스!"라고 무작정 몰아세우는 일까지 많아지면서, 기사에 대한 신뢰도는 더 추락하고 있지.

지서 법으로 가짜 뉴스를 막으면 되지 않아?

이모 오보와 마찬가지로 가짜 뉴스도 법으로 강력하게 처벌하면

된다고 생각하겠지만, 자칫 표현의 자유를 억압하고 위축시
킬 위험이 있어서 조심히 접근해야 하는 문제야.

오보와 가짜 뉴스를 대하는 우리의 자세

이모 안타까운 건, 시간이 갈수록 언론이 나아지는 쪽으로 가는
게 아니라 반대로 흘러간다는 점이야. 인터넷이 발달하고
기사 복제가 초 단위로 이뤄지면서 오보가 더 많아지고 있
어. 그만큼 우리가 옥석을 잘 가려내야 하는 시대인 거지.

지서 이모, 그래도 언론의 잘못이 더 크지 않아?

이모 네 말이 맞아. 인터넷 유튜브로 허위 정보들이 널리 퍼져나
간 데에는 기성 언론들의 잘못도 분명 있어. 개인 유튜버가
언급한 내용을 사실 확인을 거치지 않은 채로 전달 보도함
으로써 오보와 가짜 뉴스를 더 확산하는 역할도 했으니까.
언론은 한번 신뢰를 잃으면 다시 찾기 힘들거든. 그래서 사
회적 책임감을 가지고 팩트 체크를 반드시 해야 해.

지서 잘못된 판단을 했다는 게 드러났을 때는 빨리 인정하고 사

과하는 자세도 중요한 것 같아. 나도 얼마 전에 친구랑 싸웠는데 내 잘못을 인정하니까 오히려 사이가 더 좋아지더라고.

이모 이모는 삼십 년 넘게 살고 나서야 깨달은 진실을 벌써 알다니, 대단한 걸!

지서 흠, 뭘 이 정도 가지고. 칭찬을 들으니까 기분 좋아! 그런데 말이야, 이모가 언론사에는 게이트키핑이 있다고 했잖아. 여러 단계별로 오류를 잡아내고 의견을 종합한다면서. 그런데 왜 이렇게 오보가 생기는 거지?

이모 사람이 하는 모든 일에는 실수와 판단 착오가 있을 수 있어. 나름대로 노력해도 말이야. 이때 중요한 건, 잘못을 반성하고 오보를 바로잡는 것이겠지. 기사로 피해를 입은 사람들에게 사과하고, 피해를 줄이도록 진심으로 애쓰는 노력들이 있어야 하고 말이야. 오보를 정정하고 반성하는 것은 언론이 해야 할 중요한 일 중의 하나야.

지서 어떻게 반성하는데? 친구 사이라면 가서 말로 사과하면 되지만 말이야.

이모 예를 들어 볼게. 미국 신문사 〈뉴욕타임스〉는 2014년에 정정 기사를 냈어. 1853년의 기사에 대해서 말이야.

지서 헐, 161년 전 기사에 대해서 정정 기사를 냈다고?

이모 응. 납치당했던 흑인 남성 솔로몬 노섭(Solomon Northup)에
관한 내용을 보도하면서 제목에는 솔로몬의 성을 '노스럽
(Northrup)'이라고 쓰고, 기사 내용에는 '노스롭(Northrop)'
으로 잘못 썼거든.

지서 그걸 왜 갑자기 정정 기사를 쓴 거야?

이모 아카데미 시상식에서 영화 〈노예 12년〉이 최우수작품상을
수상했는데, 실제 주인공인 솔로몬 노섭의 실화를 다룬 내
용이거든. 단순 표기 오류 정도에다가 이미 시간이 많이 지
난 상태라 이는 상징적인 정정 보도였지만, 사소한 실수라
도 바로잡음으로써 언론이 가져야 할 책임 의식을 보여 준
거라 할 수 있지.

지서 우리나라 언론도 그렇게 책임감 있는 사과를 하면 신뢰도
가 올라가겠다.

이모 언론에게 주는 자유는 무거운 책임을 전제로 해. 그러니까
사실과 다른 정보는 잘 걸러내고, 편견과 나쁜 의도에 따른
프레임은 씌우지 말아야겠지. 소비자인 우리들 역시 오보인
지 아닌지 잘 지켜보고 말이야.

지서 오보나 가짜 뉴스가 퍼지고 나면 무슨 소용이야. 이미 엎질
러진 물이잖아.

이모 맞아. 사람들은 처음에 보도된 충격적인 영상이나 기사만 기억하고, 사실이 아닌 것으로 드러난 기사에 대해서는 그다지 관심을 가지지 않잖아.

지서 아, 맞아. 나중에 아닌 것으로 밝혀져도 그땐 아무도 관심이 없어. 이모 말을 듣고 나니까 정말로 속은 기분이 들어. 이게 내 일이라고 생각하면 억울해서 어떻게 살 수 있을까? 자극적인 보도나 충격적인 내용을 다룬 기사를 보자마자 분노하며 반응하기보다는 그것이 사실인지 아닌지 드러날 때까지 시간을 두고 따져 봐야겠다는 생각이 강렬하게 드네.

이모 오, 갑자기 열변을. 우리 조카, 언론을 보는 눈이 길러지고 있구나.

코로나보다 빠르고 위험한 '가짜 뉴스'

코로나19 바이러스가 퍼지고 백신이 나오기 전까지 전 세계 곳곳에서 가짜 뉴스가 창궐했어. 과학적 근거가 없는 이야기들이 참 빠르게도 퍼져나갔지. 오죽하면 "코로나 바이러스보다 가짜 뉴스가 더 빠르게 퍼지고, 훨씬 더 위험하다"라는 말까지 나왔겠어.

지금은 아무도 믿지 않을 이야기지만, 그때는 신종 바이러스에 대한 정보가 워낙 없다 보니 사람들은 별별 가짜 뉴스를 믿었어. 개 구충제를 먹으면 감염 예방에 도움이 된다, 채식주의자들이 덜 감염된다, 입 안을 가글하면 바이러스가 죽는다, 인도 확진자가 적은 걸 보면 카레가 코로나를 예방한다, 코로나엔 낙타 오줌이 특효약이다 등등.

사실 코로나 예방법은 단순해. '사회적 거리 두기'와 '손 씻기' 원칙을 지키는 것. 그리고 백신을 맞는 것이야. 하지만 잘못된 정보를 믿는 사람들이 있었고, 그 잘못된 믿음은 소중한 생명을 앗아 갔지. 실제로 이란에서는 에탄올을 마시면 몸 안의 바이러스가 소독된다는 가짜 뉴스가 퍼졌고, 악덕 업자들이 연료나 화공약품으로 쓰이는 메탄올을 에탄올로 속여 팔면서 이걸 마신 수천 명의 사람들이 병원에 실려 가기도 했어. 언론이 제공한 정보가 코로나 바이러스 불안을 잠재우기엔 부족했고, 언론이 진실을 말하지 않는다는 불신마저 팽배해진 상황에서 사람들은 '아는 사람을 통해 전달받은 소식'을 뉴스보다 더 진실로 받아들였지.

당시 미국의 트럼프 대통령은 과학적 근거가 부족한 발언들을 내놓으면서 자국 국민은 물론, 전 세계에 혼란을 초래하기도 했어. "환자들에게 강한 햇볕을 쐬게 하고, 소독 액을 주사하면 바이러스를 퇴치할 수 있지 않겠나"라며 허위 정보를 무책임하게 말하고, 자신은 "마스크를 쓰지 않겠다"라고 공개적으로 말해 국민들을 혼란스럽게 했지. 대통령이 하는 말도 믿을 수가 없게 되자, 사람들은 자신의 생명과 안전을 지킬 정보를 개별적으로 수집하고, 공유하고, 퍼뜨렸어. 그러다 보니 잘못된 정보와 헛소문을 진짜로 믿으면서 의약품 오남용과 잘못된 예방법들이 퍼져 사람들의 목숨과 건강을 위험에 빠트렸지.

코로나19 백신의 효능이 입증되기 전까지의 시간을 돌이켜 보면, 가짜 뉴스가 퍼지기에 안성맞춤인 상황이었어. 처음 접하는 팬데믹 상황에 대한 사람들의 공포심, 사회적 거리 두기를 하거나 격리되면서 주로 소셜미디어로 소통하게 됐던 점, 모두가 잘 모르는 일이라는 점이 삼박자가 맞은 거지. 게다가 언론이 사실 검증과 확인에 취약했던 점까지 더해지면서 가짜 뉴스가 더 기승을 부리게 된 거야.

이처럼 가짜 뉴스는 사람들의 두려움이나 분노 같은 감정을 타고 번져 나가. 사실과 거짓을 그럴듯해 보이게 섞지. 데이터를 제시해서 객관적인 것처럼 보여도 데이터가 왜곡되어 있거나 실체가 불분명한 조사를 이용하기도 하고, 심지어 숫자가 교묘하게 조작되었거나 잘못 해석된 자료들도 엄청 많아.

그래서 우리는 가짜 뉴스를 걸러내기 위해서 무조건 빠른 정보보다 정확한 정보의 가치를 더 중요하게 생각하는 자세가 필요해. 또 자기가 알고 있던 것과 다르더라도 다양한 정보를 취하고, 자기 생각이 틀렸다면 개방적인 태도로 유연하게 바꿀 수도 있어야 해. 자칫 자기 자신이 가짜 뉴스를 퍼뜨리는 가해자가 될 수도 있으니까 경각심을 갖고 유포하지 않아야 해. 많은 정보를 누릴수록 뉴스를 고르는 안목이 필요하단다.

언론은 어떻게 여론을 만들까?

언론은 정보를 얻는 통로이자 여론이 형성되는 커다란 광장이야. 하지만 언론이 여론을 왜곡하거나 조작한다는 말을 듣기도 해. 왜 그럴까? 언론은 여론을 고스란히 보여 주는 게 아니라 키우기도 하고, 줄이기도 하거든. 언론과 여론의 관계를 알면, 내 생각과 다르다고 해서 한쪽으로 휩쓸리지 않고 주체적으로 길을 찾을 수 있을 거야!

이모　오늘은 표정이 시무룩하네?

지서　내 또래들이 많이 구독하는 먹방 크리에이터가 있거든? 구독자 수가 십만 명이 넘어. 근데 얼마 전에 올린 영상에 조작했다는 논란이 일더니 갑자기 악플이 수백 개가 막 달린 거야. '비난 여론'이 빗발치고 있다는 인터넷 기사도 떴어.

이모　그런데 왜 우울한데?

지서　나는 아직 영상이 조작인지 아닌지 확실한 건 아닌데 비난이 심한 것 같아서 힘내고 응원한다는 댓글을 하나 달고 싶었거든. 근데 내 친구들은 이미 악플 달고 구독 취소했대.

이모　흠. 그래서 네가 애들을 설득했어?

지서　아니. 그냥 가만히 고개만 끄덕거리며 입 다물고 있었지. 어색한 표정으로. 자괴감 느껴지네.

모두 같은 생각을 하게 만드는 '침묵의 나선'

이모　흠, 그럼 바로 지금이 조카님에게 '침묵의 나선'[*] 이론을 알려줄 적절한 타이밍이네.

---

[*] '침묵의 나선' 혹은 '침묵의 소용돌이' 이론이라고도 해.

청계천 광장 입구에 설치되어 있는
소라탑. 클래스 올덴버그와 코사
반 브루겐의 작품인 <SPRING>이
다(출처: 위키피디아).

지서 나선이 뭐지?

이모 이모 회사 놀러왔을 때, 광화문 청계천 들머리 광장에 있던
조형물 기억나니?

지서 어. 알록달록한 다슬기 세워 둔 것 같은, 그거?

이모 그래. 그렇게 소라 같은 소용돌이 모양을 나선이라고 해. 이
해하기 쉽게 그림으로 그려 줄게. 이 침묵의 나선 이론은 독
일의 사회·언론학자 엘리자베스 노엘레 노이만이 1966년
에 처음 제시했어. 간단히 말해 이 이론은 자기 의견이 우세

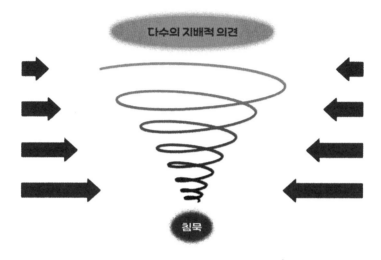

하다고 여기는 사람은 목소리가 더 커지고, 열세라고 여기면 점점 침묵한다는 거야. 다수는 더 다수 의견이 되고, 소수 의견은 더 소수가 되게 만들지. 그게 마치 소용돌이 모양 같다는 거야.

지서 대세로 인정받으면 완전 대세가 되는 것 같은?

이모 비슷해. 여론이 만들어지는 과정을 설명하는 건데, 이 이론에 따르면 사람들은 사회적 존재이기 때문에 본능적으로 고립되는 것을 두려워하는 속성을 갖고 있어. 그래서 주변의 영향을 많이 받는 존재야. 여기까지는 이해하지?

지서 음, 아싸가 되는 건 싫어. 완전 이해됐어.

이모 그래서 사람들은 자기 말고 다른 사람들이 지금 어디에 관심이 있고, 어떻게 생각하고 있는지 눈치를 보게 돼. 어떤 의견이 다수의 의견이고 소수 의견인지를 먼저 살펴. 그에 따라서 자기 의견이 다수 쪽에 있으면 적극적으로 표현하고, 반대로 소수 쪽에 있으면 생각을 드러내지 않고 조용히 침묵하는 쪽을 택한다는 거야.

지서 다른 애들한테서 소외되지 않으려고 의견을 말 안 했던 내 상황이랑 겹치네. 나도 그 자리에서는 압박감을 느껴서 입이 떨어지지 않더라고.

이모 말을 안 하면 어떻게 될까?

지서 나 같은 소수 의견들은 싹 사라지겠지.

이모 그래. 사라진다는 말이 맞아. 마치 없는 것처럼 보이지 않게 되니까. 친구들 사이에서뿐만 아니라 사회 전체로 넓혀 보아도 마찬가지야. 다른 사람이 무슨 생각을 가지고 있는지 우리는 어떻게 알 수 있을까?

지서 TV 뉴스나 인터넷 기사 같은 걸 보면 알 수 있을 것 같아.

이모 맞아. 매스미디어에서 뭐가 다수 의견이다라고 말하면, 다수 의견이 더 강력한 다수의 의견으로 확대되고, 상대적으로 소수 의견을 가진 사람들은 심리적으로 위축되겠지. 내가 잘못 생각하고 있는 건가, 하고 말이야.

그럼 다시 나선 그림을 보자. 내 의견이 소수라고 판단이 되면 나선의 아래쪽으로 쭈욱 내려가서 침묵하고, 다수인 의견은 점점 더 힘을 받으면서 위로 팍팍 올라가 자리를 잡겠지. 그게 바로 침묵의 나선 이론이야. 네가 지금 저 나선의 한 지점에 있다고 생각해 봐. 어디쯤일까?

지서　나? 지금 완전 아래로 추락하며 찌그러지는 중.

이모　(토닥이며) 찌그러지는 정도까지야.

언론은 여론을 왜곡시킨다

이모　그렇다면 그림에서 나선의 양 옆에 있는 화살표는 뭘 의미하는 걸까?

지서　뭔가 압력을 넣는다거나, 나선에 영향을 주는 걸 뜻하는 것 같은데……. 혹시 언론?

이모　맞아. 침묵의 나선 이론에 따르면, TV나 신문 같은 언론을 통해 다수의 목소리를 알게 되면서 '내 이야기는 소수 의견이구나' 하고 깨닫는 거야. 그러다 보면 소수 의견은 완전히 존재하지 않는 것처럼 사라지는 거지.

지서 에휴, 나 같은 소수 의견도 어딘가에 분명히 있을 텐데.

이모 사람들은 자기 의견이 다수에 의해 비판받을 수 있다는 두려움 때문에 대중 매체가 주도하는 여론을 신경 쓰고 무의식적으로 받아들이게 돼. 이 이론을 말한 노엘레 노이만은 히틀러 나치 정권 하에서 선전성 장관을 지냈던 요제프 괴벨스와 잠깐이지만 같이 일한 적이 있었대. 이 당시에 미디어의 큰 영향력을 직접 눈으로 보고 실감한 거지. 노엘레 노이만은 매스미디어가 여론 형성에 강력한 효과를 미치고 있지만, 그 효과가 과소평가되고 있다고 생각했대.

지서 그렇다면 이모, 언론이 소수 의견을 다수 의견인 것처럼 말해서 여론을 거꾸로 몰아갈 수도 있다는 거야?

이모 그건 뉴스의 수용자, 즉 독자나 시청자들이 어떻게 받아들이느냐에 달려 있어. 매스미디어 이론 중에 '탄환 이론'이 있어. 미디어가 어떤 것을 말하면 사람들이 총 맞은 것처럼 즉각적이고 강력하게 영향을 받는다는 거야. 비슷하게, '피하주사 이론'이라는 표현도 있어. 주사를 놓듯이 확실한 효과가 있다는 거야.

지서 총을 맞듯, 주사를 맞듯. 둘 다 비유가 와 닿네.

이모 2차 세계 대전 이후로, 이렇게 매스미디어의 강력한 영향력
을 강조한 이론들이 힘을 얻었어. 왜냐면 히틀러 시대를 겪
으면서 대중들이 미디어에 강력한 영향을 받는다는 걸 발
견했거든. 히틀러는 선전부장 괴벨스의 전략 덕에 독재가
가능했는데, 괴벨스는 "거짓말도 백 번 하면 믿게 된다"라고
말하고 다녔대. 미디어의 영향에서 개인은 벗어날 수 없다
는 거지.

독일의 한 도시에 떨어뜨리려고 했던 미국 공군 8군의 전단지로, 당시 미국과 나치 사이의 심리전을
그대로 보여 주는 사례. 전단지의 내용을 간략하게 살펴보면, 괴벨스가 했던 "완전한 전쟁을 원하는
가?"라는 질문을 인용하여 독일 국민들이 괴벨스의 완전한 전쟁을 지지한다면 독일의 인력과 산업이
완전히 파괴될 것이라는 점을 경고하고 있다(출처: 위키미디어 커먼스).

지서 힘없는 1인으로써, 은근 화가 난다.

이모 언론에 비춰지는 여론이 왜곡될 수 있다는 것을 아는 것만
으로도 앞으로는 전과 다른 선택과 의사 결정을 내릴 수 있
을 거야.

여론에 가장 민감한 건 정치권

이모 여론을 가장 신경 쓰는 건 누굴까?

지서 음, 연예인?

이모 인기가 중요하니까 그것도 아주 틀린 말은 아닌데, 이모가
생각한 답은 아니야. 정치인이 여론에 신경을 많이 쓰지. 특
히 선거 때 영향력을 발휘해. 사회적으로 여론이 가장 중요
한 시기니까.

지서 알아. 정치인들이 맨날 하는 말이잖아. "국민 여론에 따
라…", "여론이 이렇기 때문에…"라고 이야기하면서 사실은
그냥 자기 생각을 뻔뻔하게 여론으로 포장하잖아.

이모 민주주의 사회는 여론에 따라 많은 것들이 결정돼. 나라의

운명을 정할 정도로 중요한 것들 말이야. 대표적으로 선거가 있지. 선거는 어떤 지도자를 원하는지 국민의 여론을 수치로 확인하는 절차라고 할 수 있어. 그래서 정치는 여론이라는 이름의 이 따끈따끈하고 달콤한 파이를 앞에 두고 서로 차지하기 위해 늘 치열하게 경쟁하지.

지서 선거를 맨날 할 수는 없으니까 여론 조사가 여론을 보여 주는 숫자겠지.

이모 숫자로 나타나니까 객관적일 것 같지? 예를 들어 어떤 문제에 대한 찬반 의견을 묻는 여론 조사를 한다고 해 봐. 그랬더니 찬성은 32퍼센트, 반대는 38퍼센트, 무응답이 30퍼센트가 나왔다고 해 보자. 어떻게 해석할 수 있지?

지서 간단하잖아. 반대가 1위니까 여론은 반대 의견이 우세하네.

이모 여론 조사가 객관적이고 정확하다고 생각하지만 그것을 해석하는 것은 또 다른 문제야. 그것은 주관의 영역인 거지. 여론 조사를 해석하는 건 언론의 몫이야. 강력하게 찬성하는 사람, 잘 모르고 찬성하는 사람, 상황을 지켜보면서 반대로 돌아설 수 있는 사람, 비판적 시선을 갖고 찬성하지만 구체적인 안에 대해서는 반대하는 사람 등등, 같은 찬성으로 묶이면서도 다양한 의견이 있을 수 있으니까 말이야.

지서 아, 뉴스에서 그런 이야기를 들은 기억이 나. 선거 때가 되면 여론 조사가 계속 나오고, 누가 1위고, 누가 오차 범위 내에서 역전했다고, 어쩌고저쩌고.

이모 그런 식으로 선거를 보도하는 걸 경마 저널리즘이라고 하거든. 선거 보도를 할 때 경마 중계 하듯이 누가 앞서고 뒤처지는 것에만 몰두하면 정작 중요한 정책 비교를 할 수 없어. 유권자들이 판단을 할 정보들이 충분하게 제공돼야 하는데 그게 안 되는 거지. 유권자가 중요하게 생각해야 하는 정책과 우리 삶에 영향을 끼치는 정책에 대해 언론이 정확하게 분석하고 해설해 줘야 해. 후보자 공약과 정책이 실현 가능성이 있는지 검증하는 역할도 철저히 해야 하고. 결국 이런 경마식 보도는 유권자들이 올바른 선택을 하는 데에 오히려 방해가 돼.

지서 누가 이기고 있나, 지고 있나, 이런 얘기뿐이니까.

이모 그리고 이게 또 딱 들어맞지도 않아. 여론 조사에서 앞서다가도 선거 결과를 보면 달랐던 경우도 있거든. 2016년 미국 대통령 선거가 그랬어. 도널드 트럼프의 숨은 지지층 '샤이 트럼프(Shy Trump)'가 언론의 여론 조사에는 지지 의사를 드러내지 않았다가 막상 투표에는 트럼프에게 표를 주었어.

영국의 브렉시트* 투표도 사전에 언론에서는 반대가 많을 것으로 계속해서 예측 기사가 나왔지만 결과는 정반대였지. 투표 결과를 확인해 보니 유럽 연합 탈퇴를 찬성하는 의견이 우세했던 거야.

지서 언론의 여론 조사(출구 조사)나 여론 보도가 정확하지는 않다는 거구나.

이모 침묵하던 의견이 다수 의견으로 급부상한 사례가 있는 것만 봐도 그렇지. 아까 침묵의 나선 이론에서는 소수라는 이유로 압박을 느끼고 속마음을 숨기고 있다고 했지? 하지만 결정적인 순간에 자기 의견을 드러내는 거야. 특히 선거는 아무도 안 보는 기표소 안에서 이뤄지는 거니까(비밀 투표) 투표에 남의 눈치를 볼 일이 없잖아. 그러니까 그동안의 여론과 다른 경향이 나타날 수도 거지.

● 브렉시트(Brexit)는 영국을 뜻하는 브리튼(Britain)과 탈퇴를 뜻하는 엑시트(exit)의 합성어로, 영국의 유럽연합(EU) 탈퇴를 뜻해. 2020년 1월 31일에 영국에서 찬반 국민 투표로 결정됐어.

목소리를 내는 소수, 달라지고 있는 세상

이모 요즘은 소셜 미디어의 힘이 커지면서 우리가 언론의 영향
       을 일방적으로 받는다고는 볼 수 없어. 여론을 만드는 언론
       에 대한 태도가 변하고 있는 거야. 어떤 대통령 후보는 선거
       운동 기간에 언론에 불만을 나타내면서 지지자들에게 "우
       리 각자가 언론사가 되어야 한다"고 말해 화제가 됐지.

지서 지금은 언론의 힘이 약해지고 있는 건가?

이모 인터넷이나 소셜 미디어가 나오기 전에 사람들은 신문, 방
       송, 라디오를 통해서만 정보를 들었지만, 지금은 선택의 폭
       이 엄청 넓잖아. 거기다가 영상과 글을 개인 SNS에 올리면
       많은 사람과 불특정 다수에게 내용을 전파할 수도 있고. 이
       런 개인의 힘이 커지면서 기존 언론들의 영향력은 예전보
       다 줄어들었다고 보는 사람들도 있어.

지서 하긴 SNS에 보면 자기 의견을 당당하게 밝히는 사람들이
       많아. 소수 의견이라도 개의치 않고 말이지.

이모 여론 형성 이론을 알게 됐으니 다시 물어볼까. 친구들하고
       이야기할 때 예전처럼 침묵할 거야?

지서 이모 말을 들으면서 생각이 바뀌었어. 내 생각이 소수 의견일 수도 있지만 내 목소리를 내고 혹시 나 같은 생각을 하는 친구들이 있는지 찾아볼 거야.

이모 와, 멋진데! 실제로 이 침묵의 나선 이론이 나오고 시간이 흐르면서 이에 동의하지 않는 의견도 많아졌어. 사람이 자신의 의견을 드러내지 않고 침묵하는 이유가 단순하게 타인을 의식해서라고 보는 것이 맞는가 하는 의문도 있었고, 언론의 영향에서 벗어나 대항할 수 있는 공동체의 힘을 너무 낮춰 본 게 아니냐는 의견도 나왔지. 그리고 만약 의견과 상관없이 객관적인 팩트가 나왔을 경우에는, 이런 침묵의 나선 이론이 잘 들어맞지 않아. 다수 의견이라도 그 의견이 틀렸다는 확실한 정보가 나온다면 더 이상 자기 의견을 고집하긴 힘드니까.

지서 침묵의 나선 이론이 꼭 다 들어맞는 건 아니라는 거네.

이모 모든 걸 완벽하게 들어맞게 설명해 주는 법칙은 없어. 다만, 우리가 언론이 여론을 담아내는 방식에서 생겨나는 과잉과 축소, 이런 것들의 가능성을 생각해 보면 다수 의견에 휘둘리기보다 자신만의 소신과 현명한 주관을 가질 수 있을 거야.

더 알 고 보 니

여론 조사를
보도하면 안 되는
기간이 있다?

국민을 대신할 일꾼을 뽑는 국회의원 선거 기간이 되면 여론 조사가 활발하게 이뤄져. 어느 정당이나 후보를 지지하냐는 질문부터, 지지층이 겹치는 A후보와 B후보 중에 어느 쪽이 좋냐, 어떤 공약을 원하느냐 등의 질문을 놓고 유권자들의 마음을 알아보는 조사를 하지. 여론 조사 결과에서 역전되면 어떤 후보 측은 기뻐하고, 선두를 뺏긴 후보 측은 대책 마련에 골머리를 앓지.

그런데 이렇게 중요한 여론 조사 결과를 선거 6일 전부터 언론에서 보도하면 안 된다는 거 알고 있니? 정확히 말하면 여론 조사를 하더라도 선거 당일 투표가 완전히 끝날 때까지 그 결과를 말하면 안 돼. 이는 공직선거법 108조 1항에 똑똑히 명시돼 있어. 위반하면 2년 이하 징역 또는 400만 원 이하의 벌금형을 받아. 만약 8월 10일이 투표일이라면 8월 4일 이후에 실시한 여론 조사 결과는 투표 종료 시점까지 보도하면 안 되는 거야. 이때를 흔히 '깜깜이 기간'이라고 해.

선거 날이 다가올수록 사람들의 관심은 높아지는데, 정작 여론 조사를 보도하면 안 된다니, 도대체 왜 그럴까? 선거관리위원회는 "불공정하거나 부정확한 여론 조사가 선거의 공정성을 훼손해 유권자의 판단에 영향을 미칠 가능성을 줄이기 위한 조치"라고 법 취지를 설명하고 있어.

사람들은 여론 조사에 영향을 받아. A와 B 후보가 엎치락뒤치락하면서 경쟁을 벌이고, 한 자릿수 지지율인 C후보가 있다고 가정해 보자. A 후보 쪽으로 지지율이 기울었다고 보도가 되면, 사람들은 여러 가지 생각을 하겠지.

C 후보 지지자는 어떤 생각을 할까? 어차피 C후보는 당선 가능성이 없으니까 자기의 표가 의미 없어지는 걸 우려할 수 있어. 이걸 죽을 사(死)를 써서 '사표'라고 하는데,

승산이 있는 A 후보자 쪽으로 마음을 바꾸거나, 약간 열세
인 B 후보자 쪽으로 기울 수 있어. B 후보 지지자는? 이길
거라고 생각하고 투표장에 가지 않으려다가, 한 표를 반드
시 행사해야겠다고 마음을 돌릴 수도 있겠지.

참고로, 우위를 차지한 후보 쪽으로 마음이 기우는 걸 '밴
드왜건 효과(편승 효과)'라고 하고, 열세 후보 쪽으로 동정
표가 몰리는 것을 '언더독 효과'라고 해. 그런데 투표 결과
를 보기 전까지는 표심의 향방을 확실하게 알기는 어렵단
다. 그저 정치권은 자기 쪽으로 표를 더 많이 끌어 모으기
위한 해석들을 내놓을 뿐이야.

미국이나 영국, 독일, 일본 같은 나라들은 여론 조사 공
표 금지 규정이 없거나 1~2일 정도로 짧아. 캐나다는 선거
3일 전부터 여론 조사 결과 발표를 금지하고 있었는데,
1998년 대법원에서 "여론 조사 결과 보도 금지는 국민에
대한 모독"이라며 폐지 판결을 내렸어.

우리나라에서도 6일에 달하는 여론 조사 공표 금지 기
간을 이틀 정도로 줄이자는 주장도 있어. 유권자는 선거
상황에 대한 정보가 필요한데 이를 막는 건 '국민의 알 권

여론 조사 결과,
지지율 압도적 1위!

1기호

리'를 제약한다는 거야. 이 기간 동안 오히려 SNS, 유튜브 등을 통해 '카더라' 여론 조사가 퍼지면서 부정확한 정보를 주고 있기 때문이란 거지. 그리고 언론들도 선거 6일 전부터 투표 직전까지 그 전 여론 조사 결과를 계속 재탕, 삼탕 하면서 보도를 하니까 유권자에게 정확하지 못한 정보를 주고, 혼란을 줄 수도 있지. 10년 뒤, 20년 뒤 이 제도는 어떻게 될까 생각해 보는 것도 재미있을 거야. 미래 유권자인 너희들의 생각이 중요해. 어떤 방향으로 바뀌게 될 지 기대가 된다.

끝날 때까지 끝난 것이 아닙니다!

2기호

8

한 명 한 명이 뉴스를 만드는 세상

지금은 모두가 미디어 생산자인 시대야. 개인이 올린 글 하나가 사회적 이슈를 만들기도 하고, 영상 하나로 자기 목소리를 낼 수 있어. 자신의 의견을 다수에 드러낼 수 있는 길이 활짝 열려 있는 거지.

새로운 세상, 우리 십 대들이 가진 미디어 권리를 잘 지키면서 동시에 똑똑한 미디어 생산자가 되어 보는 건 어때?

지서 이모! 이것 봐라, 수행 평가로 역사 신문 만들기를 했어!

이모 오, 요즘도 하는구나. 어땠어?

지서 처음엔 다들 귀찮아했는데 하다 보니까 재밌던데? 어떤 걸 보도할지 취사선택하는 걸 게이트키핑이라고 한댔지? 우린 게이트키핑 과정은 별 문제 없었는데 제목을 정할 때 의견이 안 모아져서 결국 최종 두 가지 안을 놓고 다수결로 정했어.

이모 오, 민주적이네.

지서 그리고 어떤 애가 그림을 쫌 잘 그리거든? 기사 위에 그림까지 그려 놓으니까 눈에 띄고 반응이 꽤 괜찮았어. 간만에 수행 평가 점수도 잘 나올 것 같아.

이모 이야, 이모가 다 뿌듯한 걸.

지서 제일 중요한 기사를 가운데에 크게 두고, 눈에 띄게 제목도 쓰고, 자잘한 것들은 분량을 줄였어.

이모 오, 그게 바로 신문의 지면 배치야. 그걸 보면 해당 언론사의 가치 판단 기준을 알 수 있어. 1면에 나온 기사라면, 그 언론사가 가장 중요하다고 생각되는 걸 다뤘겠지? 독자들은 지면 배치에 따라 기사를 쭉 읽으면서 어떤 게 더 중요하고 덜 중요한 지를 자연스럽게 받아들이게 돼.

포털사이트에서 기사 읽는 한국인

지서 근데 이모, 요즘엔 기사를 다들 인터넷으로 보잖아.

이모 맞아. 한 인기 예능 프로그램에서 한 출연자가 종이 신문을
보는 장면을 보고, 스튜디오에 있던 사람들이 "요즘에도 종
이 신문 구독하는 사람이 있어요?"라면서 신기하게 쳐다보
더라고.

지서 다들 그런 반응일 듯. 도서관에 가면 신문 읽는 사람은 거의
할아버지들뿐이던데. 그리고 이런 말까진 안 하려고 했는
데⋯, 이모가 신문사 기자로 있을 때는 우리 집도 신문 구독
했었는데, 이모가 방송사로 직장을 옮기니까 엄마가 바로
구독 끊던데?

이모 정말? 너희 집도 그렇지만 실제로 종이 신문을 보는 사람이
갈수록 줄고 있어. 2021년에 한국언론진흥재단이 만 19살
이상 국민을 대상으로 조사했는데, 종이 신문 열독률*이
13.2퍼센트밖에 안 되더라. 남성이 여성보다 더 종이 신문

---

* 열독률은 신문과 잡지를 읽는 비율을 뜻하는 단어로, 구독 여부와 상관없이 얼마나 주기적
으로 읽고 있는지를 보는 거야.

을 많이 읽고, 나이대가 높을수록 더 많이 읽고 있었어. 그러니까 할아버지들만 신문을 보고 있었다는 네 말이 아주 틀린 건 아냐. 신문 보는 사람이 줄어서 최근 십 년 사이에 종이 신문 발행 부수도 26.6퍼센트 감소했다고 해.

지서　신문을 인쇄하는 데에도 돈이 드는 거잖아. 사람들이 보지도 않는데 신문을 많이 찍으면, 곧바로 재활용 쓰레기장으로 직행하는 신세가 될 거고.

이모　일단 미디어의 큰 흐름부터 알고 가는 게 좋을 것 같아. 신문, 방송, 라디오, 잡지 같은 기존의 언론 매체들은 올드 미디어 또는 레거시 미디어*라고 해. 그 이후에 나온 컴퓨터와 디지털 정보 기술을 기반으로 한 매체들은 뉴 미디어로 분류돼.

지서　그러면 페이스북, 인스타그램 같은 SNS나 유튜브 같은 것도 뉴 미디어야?

이모　맞아. 그런데 새롭다는 건 상대적인 의미라서, 아마 또 시간이 지나면 유튜브도 올드 미디어에 포함이 되는 날이 오겠지.

• 레거시(legacy)는 '과거의 유산'이란 뜻이야.

지서 오, 기대돼. 완전 새로운 게 나오면 좋겠다!

이모 사람들은 늘 새로운 거, 더 편한 것을 찾게 되지. 그러니 자
연스레 올드 미디어는 이용자도 줄고, 영향력도 예전보다
줄었어. 〈종이 신문 종말 예측도 ˙〉를 보니까 2040년이면 지
구상에서 종이 신문이 멸종되고, 디지털 매체로 모두 대체
될 거라고 하더라고.

지서 정말? 언론 산업계에서 일하는 이모의 생각은 어때?

이모 흠. 내 생각이지만, 스마트폰이나 태블릿 PC로 뉴스를 읽는
게 익숙한 너희 세대가 어른이 될 때쯤이면 종이 신문은 사
라질 것 같아. 그렇게 생각하면 아쉽긴 하다. 종이 신문의 기
사 배치를 보며 다양한 분야별 기사를 고루 접하게 될 때의
장점이 분명히 있거든.

지서 종이 신문은 얼마지? 사 본 적도 없어.

이모 대부분 천 원.

지서 그렇다면 나도 종이 신문이 사라진다에 한 표. 인터넷에서
공짜로 볼 수 있는 기사를, 굳이 다음날 돈 주고 사 볼 필요
는 없을 것 같아.

˙ 호주 미래학자 로스 도슨이 해외 미디어 컨설팅업체 퓨처익스플로네이션네트워크를 통해
발표했는데, 우리나라는 2026년에 종이 신문이 사라질 거라고 전망했어.

이모 역시 올드 미디어의 시대는 끝이 보이는 건가. 뉴 미디어의 장점은 시간과 장소에 구애받지 않고 콘텐츠를 즐길 수 있고, 소통과 자유로운 참여가 가능하다는 거지. 하지만 그만큼 규제의 사각지대에 놓여 있는 상황이야.

지서 사각지대라니?

이모 뉴 미디어의 대표 격인 유튜브의 예를 들어 볼까. 유튜브는 방송으로 분류되지 않아서 방송법 규제 대상이 아니고, 언론에도 포함되지 않기 때문에 언론중재법의 규제도 받지 않아. 문제가 발견되어도 제대로 책임지지 않지. 일부만 삭제되거나 차단, 시정 조치만 내려지는 수준이야.

지서 저질 영상들이 많긴 해.

이모 종이 신문 같은 올드 미디어 매체들이 뉴 미디어를 쫓아 더 가볍고, 조회 수만 높이는 자극적인 방향으로 가면 살아남을 수 없을 것 같아. 이 매체에서 다룰 정도면 '믿을 만한 정보'라고 생각할 수 있게 독자와 시청자들에게 신뢰를 주거나, 인터넷에서는 찾아보기 어려운 깊이 있는 콘텐츠를 제공해야겠지. 신문도 독자들에게 외면 받으면 한낱 종이일 뿐이니까.

지서 나무한테 미안해지는 일은 만들지 말아야겠지.

필터 버블을 터트리자!

이모 종이 신문을 안 보는 건 세계적 흐름인데, 유독 우리나라에
서 나타나는 언론 소비 특징이 있어. 포털사이트나 SNS로
뉴스를 보는 경향이 두드러진다는 거야.

지서 엇, 다들 그런 거 아닌가?

이모 포털사이트나 뉴스 수집 서비스를 통해 뉴스를 본다는 사
람이 68.6퍼센트로, 조사 대상인 46개국 가운데 일본(69.16
퍼센트) 다음으로 높았어. 평균은 23퍼센트였고. 그에 비해
뉴스에 대한 신뢰가 높은 핀란드, 노르웨이, 덴마크 같은 북
유럽 국가 시민들은 언론사의 웹사이트나 어플리케이션에
직접 접속해 뉴스를 이용하는 비율이 48~65퍼센트까지 높
다는 사실이 의미하는 바가 있겠지. 우리는 반대로 언론사
사이트나 어플리케이션에서 뉴스를 보는 비율이 5퍼센트
로, 조사국 가운데 가장 낮았어.[*]

지서 편리해서 그런 게 아닐까? 우리나라가 IT 강국이잖아.

이모 맞아. 어디서든 인터넷이 빠르니까. 언론 소비 측면에서 편

---

[*] 로이터저널리즘연구소 '디지털 뉴스리포트', 2022년.

하긴 하지만, 단점도 있어. 포털사이트에서 제목을 보고 기사를 읽는 경우가 많으니까 일단은 기사를 빨리, 많이 올리는 게 더 중요해졌어. 그리고 기존처럼 여러 단계의 게이트키핑을 거친 언론사가 만든 뉴스와 신생 언론사가 만든 뉴스가 모두 동등한 뉴스로 취급돼. 클릭하는 사람은 제목을 보지 어느 언론사인지 보지는 않으니까 말이야. 그렇게 기사 조회 수가 광고 수익과 직결되면서 공정성, 객관성에 바탕을 둔 기사보다는 더 많은 조회 수를 올리는 기사만 생존할 수 있는 환경이고, 그러다 보니 질적으로 완성도가 낮은 기사들이 쏟아지고 있어.

지서 좋은 기사인지 나쁜 기사인지 옥석을 가리기 힘들다, 이 말이네.

이모 예전에 말했던 팬데믹(pandemic)은 알지?

지서 전염병의 세계적 대유행이란 뜻이잖아. 코로나19 바이러스 때문에 국민 상식 용어가 됐지.

이모 그렇다면 인포데믹(Infordemic)은 들어봤어?

지서 아니. 그건 또 뭐야? 그것도 전염병 같은 거야?

이모 정보를 뜻하는 인포메이션(information)과 팬데믹의 합성어로, 우리말로 하면 '정보 전염병'이야. 인포데믹 시대에서는 과도한 정보의 홍수 속에 맞는 정보와 틀린 정보가 마구 섞여 있어서 혼란스럽지. 사람들은 올바른 정보를 잘 선별해 내지 못하고 말이야.

지서 그런데 정보가 많아서 뒤섞여 있긴 하지만 장점도 있는 것 같아. 예전보다 훨씬 소통도 적극적으로 할 수 있고 자유로운 의견 표현이 활발하게 이루어지니까, 사람들에게는 더 좋지 않을까?

이모 맞아. 그런 장점이 있어. 다만 사람들은 자신이 선호하는 특정 정보만 편식하는 경향을 보여. 유튜브도 알고리즘에 맞춰서 각 사용자가 좋아할 확률이 높은 영상들을 추천해 주잖아. 기사나 정보들도 마찬가지지. 사람들은 자기가 본래 가진 신념에 맞는 정보만 받아들이고, 그렇지 않은 정보는 무시하는 심리를 보여. 그걸 심리학에서는 '확증 편향'이라고 한단다.

지서 나 좀 찔린다.

이모 나랑 성향이 같은 사람들하고만 온라인으로 교류하고 내 입맛에 맞는 것만 접하다 보니까 필터링된 정보만 알게 되는 현상이 생기고, 자율적인 콘텐츠 선택이 어려워져. 이런 걸 가리켜 '필터 버블' 혹은 '정보 여과 현상'이라고 해. 투명해

서 잘 모르겠지만, 우리는 필터 버블 안에 갇혀 있는 거야. 필터 버블이 우리가 보는 현실을 어떻게 왜곡하고 있는지 한번 돌아보자.

언론 신뢰도 1위가 유튜브라고?

이모 뉴 미디어 얘기를 좀 더 해 볼까. 우리 조카님은 하루에 유튜브를 얼마나 봐?

지서 학원 이동할 때랑 자기 전에, 그리고 친구랑 카페 가서도 서로 좋아하는 유튜브 채널 같이 보기도 하고 그래. 몇 시간이나 보냐고는 캐묻지 마. 엄마한테 말할 거잖아.

이모 안 해. 이모 입 무겁다.

지서 '오프 더 레코드'로 말하자면, 아마 한 3시간 정도?

이모 많긴 하다. 하긴 10대 청소년 중에서 하루 평균 3시간 이상 스마트폰을 이용한다는 응답자가 61.5퍼센트라는 조사 결과˚도 있더라. 스마트폰으로는 유튜브를 가장 많이 본다고 하니.

지서 완전 재밌어. 아무 생각 없이 볼 수 있고, 댓글 읽는 재미도 있고. 알고리즘 따라서 영상 보다 보면 시간 가는 줄 모른다니까.

이모 맞아. 10대들이 뉴스를 가장 많이 접하는 경로도 유튜브래.

지서 유튜브로 뉴스를 알게 되는 게 문제야?

이모 딱 잘라 그렇다고 말할 순 없지. TV랑 다르게 상호 소통하고 구독자 반응이나 요구를 보면서 바로바로 반영하고 바뀔 수도 있으니까 열려 있다고 할 수 있어. 그리고 네가 말한 알고리즘, 입맛에 맞춘 추천 영상도 사람들의 만족도를 높이는 이유야. 언론사들도 젊은 세대들이 좋아하고 많이 머물러 있는 유튜브에 뛰어들고 있어. TV 뉴스를 유튜브에서도 실시간으로 볼 수 있게 하고. 젊은 사람들이 좋아하고 관심 있어 할 만 한 뉴스나 상식 같은 걸 특히 많이 보여 주는 거지. 그걸 좋다 싫다 말할 순 없을 것 같아. 이미 자리를 잡은 듯 해. 한 언론 신뢰도 조사에서 가장 신뢰하는 언론 1위가 유튜브였거든. 2위는 네이버이고.**

지서 좀 이상하긴 하다. 지금까지 이모가 언론에 대해 알려준 대

● 한국청소년정책연구원 「청소년 미디어 이용 실태 및 대상별 정책대응방안 연구 Ⅱ : 10대 청소년」, 2022년 3월.

●● 〈시사IN〉, 「언론 신뢰도 조사」, 2020년 9월.

로라면 유튜브나 네이버는 언론이라고 할 수 없는데?

이모 맞아. 뉴스를 직접 만들지 않으니까. 그런데 사람들은 유튜브나 포털사이트에서 뉴스를 접하니까 언론이라고 여기는 거지.

지서 게다가 신뢰도 1위라는 점도 신기해.

이모 기존 신문과 방송에 대한 신뢰도가 그만큼 바닥이라는 것을 보여 주는 조사 결과였어. 사실 언론 신뢰가 떨어지는 건 세계적인 추세야. 한 조사에서 미국 국민이 가장 신뢰하는 언론 매체로 기상 정보 방송인 '웨더 채널'이 1위를 차지했을 정도니까.

지서 사람들이 날씨 뉴스를 제일 믿는다는 거야? 그것 역시 언론에 대한 불신이 엄청나다는 뜻이네.

이모 유튜브나 소셜 미디어에서 재가공된 뉴스는 많지만 그 뉴스들이 전부 게이트키핑을 거친 뉴스 가치가 있는 것도 아니고, 검증되지 않은 정보들이 너무 많아. 이런 게 마구 유통되고 사람들한테 공유되는 건 바람직해 보이지 않네. 앞뒤 맥락을 잘 모르잖아. 음모론을 진실인 것처럼 믿게 하고, 자극적이고 희화화하는 일도 많아. 관심을 끌기 위해 팩트마

● 〈이코노미스트〉, 「언론 신뢰도 조사」, 2022년 3월.

저 왜곡하고 말이야.

지서 그 정보가 맞는지 직접 찾아보기 전까지는 맞는지 틀리는 지 알 수 없으니까.

이모 검증된 정보를 다양하게 접하고 스스로 그에 대한 의견을 형 성할 수 있는 힘을 갖는 것, 그게 언론 소비자에게 필요한 기 본기야.

미디어 리터러시와 똑똑한 언론 소비자

지서 내가 기자인 이모랑 만나서 요새 공부를 좀 하고 있다고 했 더니, 우리 담임 선생님이 대뜸 미디어 리터러시를 하고 있 는 거냐고 묻는 거야. 얼떨결에 '예'라고 대답하긴 했는데, 그게 뭐야?

이모 하하. 당황했겠네. 리터러시(literacy)는 '읽고 쓰는 능력'이란 영어 단어인데, 한마디로 미디어를 올바르게 해석할 수 있 는 능력을 기르는 교육이야. 우리가 언론에 대해서 공부하 고, 진짜와 가짜를 걸러내는 방법과 언론이 어떻게 만들어

지는지 그 구조에 대해서 배우는 것도 미디어 리터러시에
포함되지. 요새는 학교에서 미디어를 어떻게 읽고 이해하는
지 가르쳐 주는 교육을 한다더라.

지서 난 아직 안 배웠어.

이모 미디어의 다양한 콘텐츠를 보면서 그대로 받아들이지 않고
적극적으로 여러 각도에서 질문을 던져 보면서 나름의 답
을 찾는 거지. 몇 가지 질문을 예로 들어 볼까.

- 이 사건은 왜 기사로 만들어졌을까?
- 어디까지 사실이고, 어디서부터는 의견인가?
- 이 기사에 나온 근거는 뭐지?
- 한쪽 편에서 보도한, 편향된 기사는 아닐까?
- 이 뉴스의 출처는?
- 기사에 쓰인 표현들은 적절한가?
- 제목과 내용이 미묘하게 다르지 않나?
- 이 기사로 이득이나 피해를 볼 수 있는 사람은?

이런 식으로 언론이나 콘텐츠에 대해 스스로 질문을 만들

어서 판단하고 정확히 아는 것, 이것이 미디어 리터러시 교육이야. 언론을 잘 읽고 판단할 수 있다면 그만큼 생각이 깊어질 수 있어. 우리는 갈수록 소통과 문해력에 어려움을 겪으니까, 꼭 언론뿐만 아니라 미디어 리터러시를 통해서 커뮤니케이션 능력도 키울 수 있지. 여기서 중요한 것은 정보를 주체적으로 판단하는 거야. 주체적이란 건 '나 스스로'란 뜻이지.

지서 이모 말을 들으니까 SNS나 메신저를 개인적인 공간이라고만 생각했던 게 잘못됐다는 생각이 들었어. 가짜 뉴스를 공유하거나, 사실이 아닌 걸 올리면 내가 그것을 돕는 거란 걸 깨달았어.

이모 너무나 쉽게 전파되기 때문에 그런 소셜 미디어에서 정보를 공유하는 행동에도 책임감과 주의가 필요해. 점점 더 비판적으로 분별하여 이용해야 할 정보의 영역이 광범위해지고 있지. 그래서 미디어 리터러시 교육에서 가짜 뉴스를 걸러내고 팩트 체크를 하는 법이 많이 다뤄지고 있어.

지서 똑똑하고 함정에 안 빠지는 언론 소비자 되기!

이모 올드 미디어 세상에서는 소수가 언론을 만들고 다수는 그에 따르는 방식이 작동했지만, 지금은 그렇지 않지. 우리는 언론 소비자인 동시에 언론 생산자이기도 해.

지서 나도 내 의견을 가지는 것이 중요하다는 걸 알았어. 언론을 철썩 같이 믿는 맹신도 안 되고, 모든 것을 모조리 다 믿어 서는 안 된다는 것도.

이모 사실 어른들도 자기 의견을 갖는 게 힘든데, 너한테 너무 큰 부담을 줬구나.

지서 솔직히 이모랑 이야기하면서 나도 반성하게 됐어. 특히 우 리 같은 청소년들은 인터넷 환경에 많이 노출돼 있어서 사 실 나도 좀 느끼고 있어.

이모 그러면 보람 있지, 이모도.

지서 엄마가 그러던데, 이모 곧 출장 떠난다며. 아쉽다.

이모 이모가 선물 사다 줄게.

지서 괜찮아. 이제 나는 혼자서 어떤 공부를 더 하면 좋을까?

이모 오, 뉴스의 배경과 논조를 잘 알려면, 두 개 이상의 언론 보 도의 차이점과 공통점을 한번 비교해 보면 어떨까. 이모가 많은 사례를 알려 줬지만 구체적인 언론사 이름은 일부러 말하지 않은 게 많아. 언론에 관심을 가지는 게 꼭 기자나 피디가 되는 것만 있는 게 아니야. 직접 언론에 관심을 갖고 비교해 보면서 스스로 판단하는 것이야말로 편견 없고 적극적인 민주 시민이 되는 길이야.

지서   잘 알겠어. 다음번에 이모를 만날 때엔 나도 언론 쫌 많이
       아는 10대가 되어 있을 거야. 그리고 어쩌면 내가 직접 쓴
       기사도 볼 수 있을지 몰라. (찡긋) 잔뜩 기대해!

이모   그런 뉴스라면, 대환영이야!

미디어 권리,
십대들의 목소리가
여론이 되려면

> 한 알의 모래에서 세계를 보고
>
> 한 송이 들꽃에서 천국을 보라
>
> 손바닥 안에 무한을 거머쥐고
>
> 찰나 속에서 영원을 보라

스티브 잡스가 좋아했던 영국 시인 윌리엄 블레이크의 〈순수의 전조〉라는 시의 첫 구절이야. 이 시에서 영감을 받아 애플 스마트폰이 만들어졌다고 보는 사람도 있어. 잡스는 생각이 막힐 때마다 시집을 즐겨 읽었다고 하거든. 결정적인 것까지는 아니어도 제품을 만드는 데 필요한 아이디어가 됐을 것 같아. 스마트폰을 머릿속에 그려 보니 '손바닥 안의 무한'이란 시 구절이 참 상징적으로 다가온다.

너희들은 뉴 미디어에서 무엇을 보고 있니? 지금은 소수자나 약자 등 더 다양한 집단과 개인이 자신의 목소리를 낼 수 있고, 그동안 소수의 힘 있는 언론이 장악하고 있던 사회적 이슈들을 다양한 개인들이 자유로운 선택으로 접할 수 있는 사회에 살고 있어. 눈 밝은 일반 대중들이 언론의 잘못과 오류, 과장과 왜곡을 밝혀내기도 해. SNS에 올린 글과 사진 하나로 세상을 바꿀 수 있지만, 동시에 누군가에게 씻을 수 없는 상처를 줄 수도 있어. 이런 두 갈래 길에서 우리는 어떤 길로 가고 있는 걸까.

언론이라는 유리창에 비친 청소년의 모습은 어떨까? 극한의 어려움에 처하거나, 안타까운 사고로 생이 다하거나, 더 이상 외면할 수 없을 정도로 큰 사건이 터지고 나서야 청소년의 삶과 문제들에 대해서 조명해 줄 뿐이야. 그것도 오래 가지 않고, 다시 어른들의 문제로 돌아와서 아무렇지 않게 잊고 똑같은 이슈에 몰두하고 있지.

10대들의 목소리는 특별하고 소중해. 청소년들의 생각

과 의견이 담긴 목소리는 우리 사회의 가족 문제와 관련
돼 있어. 청소년은 성인에 비해 사회적 약자이기도 해서
소외와 차별의 문제도 포함하고 있지. 그저 또래 집단의
문제라고 생각하거나, 어른이 되면 모든 게 해결되겠지 하
는 식으로 지나치지 않고, '지금' '여기'의 목소리를 낸다면
얼마든지 사회적인 문제로까지 확대할 수 있단다. 정말 다
뤄져야 하는 일들이 다뤄지지 않고 있다는 것에 당사자들
이 적극적으로 목소리를 내야 해. 어서 바뀌라고, 변화하
라고 말이야.

　10대들이 언론에 관심이 없다고 했지만, 다시 생각해
봐. 기사에 공감 버튼을 누르고, 화가 나는 사건에 댓글로
자기 생각을 남기면서 반응하고, 주변에 기사를 공유하는
일. 오히려 기성세대보다 더 활발하게 자기 목소리를 내고
있고, 좋아하는 채널이나 콘텐츠를 소비하고 매달 돈을 지
불하기도 하면서 언론을 소비하고 있어. 새로운 플랫폼을
적극적으로 사용하게 되면서 신문과 TV 뉴스에서 멀어지
고 뉴 미디어로 옮겨 갔을 뿐이지. 너희들은 언론의 정의
를 넓혀 가고 있는 멋진 존재들이란다.

본래 땅 위에는 길이 없고, 걸어가는 사람이 많아지면 그것이 곧 길이 된다는 말이 있어. 기성세대가 닦아 놓은 길 말고 새로운 길을 걸어가는 주체적인 언론 소비자이자 언론 생산자가 되었으면 좋겠다. 무엇이 진실인지 알고, 반짝거리는 소중한 '너만의 것'을 찾을 때까지 말이야.

나가는 글

작지만 큰 변화의
시작은 '관심'

몹시 무더운 여름날 오후였어. 교통사고 현장을 취재하고 돌아가
려고 하는데, 국도변에 작은 새 몇 마리가 죽어 있는 거야. 죽은
지 꽤 오래되어 보이는 새도 있고, 만져 보면 아직 온기가 남아 있
을 것 같은 새도 있었어.

근처 야산에서 고라니 같은 야생동물들이 먹잇감을 물어다가
잠시 놔둔 건가 싶었는데, 주변을 둘러보다 그게 아닐 수도 있겠
다는 생각이 퍼뜩 들더라. 죽은 새들이 있던 곳에 높은 투명 방음
벽이 있었거든. 혹시 새들이 여기에 부딪혀 죽은 건 아닐까? 마을
주민에게 물어보니, 날아가던 새들이 탁탁 부딪히는 걸 봤다는

사람도 있었어. 탁 트인 '뷰'를 위해 방음벽을 투명한 자재로 만들어서 세웠는데 새들이 허공인 줄 알고 날아가다가 부딪혀 목이 부러져 죽는다는 거야.

이 일을 취재해 〈방음벽이 새들의 '무덤'〉이란 제목으로 기사가 나갔어. 환경 단체가 관심을 가졌고, 비슷한 사례들도 조금씩 보도가 되면서 이슈가 됐지. 새들이 피할 수 있도록 투명 방음벽에 일정한 간격으로 새 스티커를 붙이거나 커다랗게 그림을 그려 넣는 아이디어가 나왔고, 지금은 많이들 그렇게 하고 있어. 이모는 그 기사를 쓰고 나서 세상이 나은 쪽으로 바뀌는 것을 느꼈어. 인간과 자연이 공존하는 길을 찾는 작지만, 큰 변화라고 생각해.

언론의 여러 역할을 말했지만, 최종적으로는 좀 더 나은 세상을 만들기 위해 언론은 존재하는 거야. 많은 것들이 한꺼번에 바뀔 수 없지만 작은 노력과 감시, 관심들이 모여서 조금씩 더 나은 방향으로 우리의 미래를 옮겨 놓을 수 있지 않을까? 기사를 쓰는 기자와 의미 있는 기사에 관심과 지지를 적극적으로 표현하는 시민들이 힘을 합칠 때만 그 변화가 가능하지. 결국 언론은 사람들 사이의 '소통'을 가능하게 해 줘. 자기가 옳다는 것을 확신하고 벽을 세우는 쪽으로 가는 것이 아니라 다름을 이해하고 받아들이기도 하는 과정이 바로 소통의 기쁨이야.

언론에 관심을 가지면 생각하는 힘이 길러지고, 나름의 인생관이 생길 거야. 시험에도 안 나오는 이런 걸 왜 호기심을 갖고 궁금해 하냐는 말을 주변에서 들을지도 몰라. 시간 낭비라거나, 관심 끄라는 말을 들을 수도 있겠지. 그런데 말이야, "처음에는 도대체 '왜' 하냐고 물을 것이고, 나중에는 도대체 '어떻게' 해낸 거냐고 물을 것이다"라는 소설가 헤밍웨이의 말처럼, 언론에 꾸준히 관심을 가지면 "이런 생각하는 힘을 가졌다고?" 하며 스스로 깜짝 놀랄지도 몰라. 살다가 어디로 갈지 몰라 갈팡질팡할 때 인생의 항로를 정하는 소중한 계기를 만나게 될 수도 있고 말이야.

이모 이야기를 들어 줘서 그동안 고마웠어. 대화 내내 네 두 눈에 비친 호기심이 어떤 희망보다 더 반짝였단다. 다시 만날 때까지, 잘 지내!

참고 문헌

《워터게이트:모두가 대통령의 사람들》, 밥 우드워드·칼 번스타인 지음,

　　양상모 옮김, 오래된생각, 2014.

《미디어의 이해》, 허버트 마셜 매클루언 지음, 김상호 옮김, 커뮤니케이

　　션북스, 2011.

《가짜뉴스의 고고학》, 최은창, 동아시아, 2020.

《뉴스와 거짓말》, 정철운, 인물과사상사, 2019.

《뉴스, 믿어도 될까?》, 구본권, 풀빛, 2018.

《저널리즘의 이해》, 강내원 외, 한울아카데미, 2018.

《뉴스 다이어트》, 롤프 도벨리 지음, 장윤경 옮김, 갤리온, 2020.

《팩트체킹》, 정재철, 책담, 2017.

《신문과방송》, 한국언론진흥재단, 2021년~22년 8월호.

《미디어의 이해》, 한국언론학회 미디어교육위원회·방송통신위원회.

《아젠다 세팅》, 맥스웰 맥콤스 지음, 황선영 옮김, 라이온북스, 2021.

《황우석의 나라》, 이성주, 바다, 2012.

《여론 조작》, 노암 촘스키·에드워드 허먼 지음, 정경옥 옮김, 에코리브

　　르, 2006.

사회
쫌 아는
십대
18

언론 쫌 아는 10대

뉴스, 똑똑하게 보고 읽는 법

초판 1쇄 발행 2023년 2월 28일
초판 3쇄 발행 2024년 4월 30일

지은이 정민지
그린이 이혜원
펴낸이 홍석
이사 홍성우
인문편집부장 박월
책임편집 박주혜
편집 조준태
디자인 이혜원
마케팅 이송희, 김민경
제작 홍보람
관리 최우리, 정원경, 조영행, 김지혜

펴낸곳 도서출판 풀빛
등록 1979년 3월 6일 제2021-000055호
주소 07547 서울특별시 강서구 양천로 583 우림블루나인 A동 21층 2110호
전화 02-363-5995(영업), 02-364-0844(편집)
팩스 070-4275-0445
홈페이지 www.pulbit.co.kr
전자우편 inmun@pulbit.co.kr

ISBN 979-11-6172-872-8 44070
      979-11-6172-731-8 44080 (세트)